JN411719

오래되어 좋은 것

배병채 수필집

해암

| 책을 펴내면서 |

마음을 표현하고 객관적인 정리를 하려면 수필을 따를 것이 없지 않나 싶다. 나를 속이지 않는 글, 욕심 없는 담백한 글을 쓸 수 있으면 좋겠다. 글을 쓰는 시간은 즐겁고 자간을 메우는 일은 더 없이 행복하다.

부족하지만 세상에 태어나 내가 잘 한 선택 중 하나가 글쓰기를 시작한 일이 아닐까 싶다. 나에게 글은 존재함으로 얻는 상처를 다독이는 치유 역할을 한다.

10여 년 전에 쓴 글도 있고 최근의 글도 실었다. 더러는 문장이 길고 덜 익은 글이지만 최소한의 교정만 보았다. 그때 느낀 생각과 감성이 달라질 염려 때문이다.

나날이 물드는 나뭇잎들을 보며 설렘과 염려로 두 번째 수필집을 낸다. 가을이 저물고 있다.

2018년 11월 어느날 대연동에서

| 차 례 |

일상

사람

그리움

그리고 세월

일상

오래되어 좋은 것

스승의 날

오월은 행사가 많다.

해마다 오월이 되고 스승의 날이 가까워지면 나는 조바심이 난다. 무슨 요일에 스승의 날이 들었는지 그리고 무슨 핑계를 대고 빠져나갈 것인가 고민한다. 순전히 자리를 회피하기 위한 방편이다. 한 동안은 바쁘다고 하면 효과가 꽤 좋았다. 하지만 갈수록 말의 신빙성과 효과가 떨어지더니 이젠 백가지 방책이 소용없게 되었다.

강산이 서너 번 변할 동안 아이들을 가르치는 일을 했다. 몸과 몸이 부딪치고 숨이 턱까지 차고 땀으로 범벅이 되도록 몸을 부딪치며 가르치며 지냈다. 나는 부족한 가르침이라 생각했지만 제자들은 생각이 달랐던 모양이다. 요리조리 피하려는 나와는 달리 해마다 찾아오는 아이들의 숫자는 늘어나기만 했다. 나는 살가운 말이 부족한 사람이고 지혜와 덕이 부족한 지도자였다는 사실을 인지하고 있었으므로 솔직히 피하는 게 나의 도리라 여겼다.

나는 다정다감한 성격이 아니다. 때때로 모질게 다그치기도 했으며 그들의 아픔을 살뜰히 챙겨주지도 못했다. 엄한 스파르타식의 수련과 칼날 같은 날카로움이 다인 줄 알았다. 스스로 지도력의 부재, 따뜻하게 제자들을 품어주지 못한 것에 대한 부족함을 인식하고 있었다. 그러나 상대적인 부족함을 알면서도 경상도 사람의 무뚝뚝함 정도로 생각한 제자들이 나를 찾아주니 고마운 마음 한편으로 부끄러운 생각이 들었다.

나는 가르치는 위치에 있지만 제대로 가르치지 못하고 더구나 인성조차도 형편없는 사람을 스승이랍시고 모여서 찾아가는 일을 좋아하지 않았다. 형식적으로 하는 그런 일은 생리에도 맞지 않았다. 서로 형식에 매달려 마음에도 없는 일을 하는 게 욕된 것이라 생각했다. 그런데 지금의 내 꼴이 딱 그런 것이 아닐까 싶었다.

스승의 날만 되면 바쁘다, 일이 있다. 피하려는 내가 못미더웠던지 나이 많은 제자들이 표정도 단호하게 질문을 해왔다.

"스승님 왜 자꾸 우리를 피하십니까. 저희들이 찾아오는 일이 싫으십니까?"

단도직입이었다.

"내가 잘 가르치지도 못했고 스승이라고 내세울 만한 내용이 없어 부끄럽다"

나는 두 말하기 싫어서 솔직히 말했다.

"그건 아닙니다."

정색을 했다. 가르친 나는 부족하다고 느껴 부끄러웠는데 그네들은 엄한 가르침이 약이 되었다는 것이다.

"이제 저희도 20대 30대 40대가 되었습니다. 스승님이 자꾸 저희를 거부하시면 우린 동문들을 만날 일도 모일 곳도 없습니다. 우리를 위해 더 이상 그리하지 마십시오. 스승님께서 늘 이렇게 같이 땀 흘리고 몸을 부딪치며 수련하며 만난 인연도 참 귀한 것이니 부족한 부분은 서로 돕고 살라고 하시지 않으셨습니까?"

자가당착, 맞는 말이었다. 더 이상은 피할 명분도 할 말도 없었다. 그 후로 해마다 먹성 좋은 두꺼비가 파리를 잡아먹듯 염치없는 짓을 하기 시작했다. 동문 모임을 결성하고 회비를 거두고 일 년에 네 차례에 걸쳐 일정한 용돈을 봉투에 넣어주기 시작하였다. 설, 스승의 날, 추석, 생일을 챙기는 일에 어김이 없다. 정작 부끄러워 좌불안석인 사람은 나였다. 보탬이 되어주지 못하고 받기만 하는 데서 오는 부끄러움이었다.

도장을 다닌 년도에 따라 몇 그룹으로 나누어져 오는 제자들을 만류할 방법을 궁리하다가 수년 전부터는 단체로 오는 방문은 거부했다. 개인적인 방문만 허용하고 용돈도 받지 않겠다고 선언했다. '나는 아직 젊고 나중에 경제적인 활동을 못하면 그때 용돈을 주고 싶으면 달라'고 단호하게 잘랐더니 겨우 수긍하는 것 같았다.

제자들은 좋은 글을 많이 쓰라며 이름자 이니셜을 새긴 만년필과 무거운 노트북 대신 가벼운 최신형 노트북으로 교체를 주도했다.

나는 지금까지 글 속에 단 한 줄도 제자들의 이야기를 언급하지 않았다. 소중한 이야기를 내 글이 좀 더 익을 때까지 기다렸다가 멋지게 풀어낼 계산이었다. 그런데 차츰 기억력이 희미해지고 있어 아차 싶은 마음이 되었다. 최근에는 낡은 내 휴대폰을 교체해 주었고 요금까지 그네들 통장으로 자동이체 신청을 해놓았다. 나도 염치가 있어야 했다. 며칠 뒤 대리점으로 가서 내 통장으로 자동이체 변경을 요구했다.

되돌아온 말은 자동이체 변경이 불가였다. 자세히 알아보니 내가 그럴 줄 알고 신청을 하면서 조건을 달아놓았다. 만약, 나에게 이체변경을 해주면 핸드폰을 자동해지 한다는 조항이었다. 결국, 제자들이 3개월만 요금과 기기 값을 선불하는 조건으로 합의를 했다.

문제는 해결되었지만 제자들이 나를 아주 나이든 사람으로 알고 있었던 모양이다. 내가 휴대폰을 꺼내면 사람들이 빙그레 웃으며 '그거는 할매, 할배폰인데요' 하고 놀렸다. 그럴 때면 나는 오히려 제자들이 사 준 것이라며 어깨를 으쓱했다. 아무리 화려한 최신 폰이라고 하더라도 '감히 어디다가 비교하려고' 하는 마음이었다.

또 스승의 날이 다가온다. 미리 전화로 언제 시간이 나는지 꼬치꼬치 물어대는데 답이 궁색할 수밖에 없다. 그럴듯한 묘책을 생각해 보지만 별무신통, 딱히 떠오르는 생각이 없다. 솔로몬의 지혜를 빌려올 수 있으면 좋겠다.

책과 나

처음 글자를 알게 되면서 내가 책과 만난 첫 기억은 정낭이다. 그곳에는 큰항아리 두 개가 묻혀 있었고 두꺼운 송판 두 개가 발을 디딜 공간과 오물로부터 얼마간의 간격을 만들어 주었다. 항아리 위에 걸쳐진 송판을 밟고 앉으면 손이 닿는 위치에 대나무 바구니가 있었다. 바구니 안에는 농사에 필요한 책들이 누렇게 변색된 채 담겨 있었다. 나에게 정낭은 한자가 두루 섞인 책에서 한글을 찾아 읽는 신기하고 재미있는 놀이를 할 수 있는 곳이었다.

정낭 천장에는 두 눈을 부릅뜬 채 껍질이 벗겨져 말라빠진 족제비가 으스스한 분위기를 만들었다. 낡은 책에서 아는 글자를 찾아 읽는 순간은 보물찾기를 하는 것 같은 희열이 일어나 족제비의 대한 두려움도 잊을 수 있었다.

우리 집은 고서가 많은 집이었다. 고조부는 자식을 위해 아낌없이 재산을 풀었다. 덕분에 증조부는 경주에서 언양, 안동 그리고 한양까지 두루 스승을 찾아 수학할 수 있었다. 증조부님은 수많은 서책을 남기셨다. 우리 집은 사방 10여 리에서 고서가 가장 많은 집이었다. 그림 같은 한자가 적힌 책 냄새와 책장 넘기는 소리와 감촉도 좋았다. 장마철이면 초가집으로 스며드는 습기 때문에, 햇빛 좋은 날 대청마루와 마당에 책을 꺼내 말리는 일이 계절행사였다. 귀찮을 때도 많았지만 나는 한지의 지질과 먹 향이 그냥 좋았다.

할아버지의 고서에는 기울어 가던 가세의 마지막 희망처럼 우리의 자긍심 같은 것이 은연 중에 묻어 있었다. 습해진 책을 햇볕에 말리는 일을 할 때면 어떻게 알았는지 평소 보기 힘든 경사를 쓰는 서울 사람들이 오곤 했다. 팔려는 책이 아니어서 정중히 양해를 구하고 몇 날을 보고 가는 사람도 있었지만, 더러는 야밤에 지게를 이용해 책을 훔쳐 가기도 했다.

중학교에 진학하면서 늘 남이 쓰고 난 헌책이 나의 것이 되었다. 책이 낡고 헌 것은 문제가 되지 않았으나 새로 수정된 교과서의 내용을 손으로 일일이 고쳐 써야했다. 그 일은 악필인 나에게는 만만한 일이 아니었다. 더구나 낙서처럼 흔적을 많이 남겼거나 필기를 많이 해놓은 국어 교과서를 얻었을 때는 책을 깨끗하게 쓰지 못한다고 선생님께 야단을 맞기도 했다. 그때나 지금이나 어리석고 주변머리 없던 나에겐 고난의 시간이었다. 그럼에도 헌책에 대한 느낌은 결코 부정적이지 않았다.

가정 형편상 새책은 언감생심 넘보기 어려운 일이었다. 남이 쓰던 헌책이 나의 교과서였다. 그래서일까. 그때나 지금이나 나는 책을 잘 버리지 못한다. 길을 가다가도 헌책이 보이면 걸음을 멈추는 일이 잦다. 문학책이면 장르를 불문하고 좋아한다. 소설, 수필, 시집 등을 헌책방에서 사왔거나 고물상을 거친 책들이 많다.

예전처럼 자주는 아니지만 보수동 헌책방을 가끔 들락거린다. 어떤 사람들은 헌책은 누가 어떻게 사용한지도 모르는 불결한 것으로 생각하지만 나에게 있어 헌책이나 새책은 그저 책일 뿐이다. 새 책은 백지처럼 여백이 있는 책이고 헌책은 사람냄새와 세상이야기가 덧 입혀진 책이다. 헌책의 때 묻은 이야기는 소유했던 사람의 따스한 온기와 체취가 고스란히 남아있어 좋다.

헌책을 읽다 보면 가끔은 마음에 닿았거나 중요한 줄거리에 밑줄을 긋고 몇 자의 소회를 적은 흔적을 발견할 때가 있다. 아무것도 아니라고 할 수도 있지만 나에게는 미지의 세계로부터 날아온 반가운 의미다. 일면식은 물론 앞으로도 그 사람을 만날 가능성이 극히 희박한 전 주인의 흔적은 반갑기만 하다.

요즘도 나는 가끔 아파트의 재활용공간을 찾는다. 혹 읽을 만한 헌책이 있는 지 살피기 위해서다. 청소하는 아주머니가 쓸 만한 책이 나와 있으니 가져가라는 전화를 하면 날듯이 달려간다.

책이 점점 많아지면서 보관에 대한 고민을 시작했다. 처음에는 책상 위의 책꽂이를 이용했고, 책이 많아지면서 몇 개의 장식용 책장을 이용했다. 점점 책장을 놓을 공간이 부족해 부득불 바닥에서부터 쌓아 올리기 시작했다. 책을 쌓아 놓기 시작하면서부터 또 문제가 생겼다. 다시 찾아보는 일이 쉽지 않았고 찾았다 해도 밑에 눌려있는 책을 꺼내 보는 일은 여간 성가신 게 아니다.

아내는 책을 싫어하는 사람은 아니지만 책을 버리지 못하는 나에 게 불만이다. 특별히 자주 보는 책도 아닌데 왜 버리지 못하고 쌓아두느냐가 논쟁의 중심이 될 때가 많다. 나는 매일 보지는 못하지만 가끔씩 보더라도 절대 버릴 수 없다고 고집을 부린다. 아내는 그럼 덜 중요한 책부터 하나씩 정리하자며 협상안을 내놓는다. 그 말이 무엇을 의미하는지 단박에 안다. 결혼한 지 이십여 년이 지나도 여전히 책을 선택해서 버리는 일은 나에게 힘든 일이다.

이즈음 나는 책을 분산해서 보관하고 있다. 많은 책의 일부는 넉넉한 공간이 있는 형님 집에 두었고 가까운 본가 어머니 집에도 책을 가져다 놓았다. 그것도 아내는 불만이다.

오늘 아침에도 안 보는 책은 버리자는 아내의 은근한 협박을 받았다. 학년이 끝난 아이들의 교과서를 버리려는 아내와 버리면 안 된다는 아이들의 언쟁 뒤에 또 아내의 가벼운 눈총을 내가 받았다. 책에 대한 나의 넘치는 열정은 사랑이 아니라 집착일지도 모르겠다.

오늘도 나는 거실 앉은뱅이 탁자에서 책을 읽고 있다. 두 아이는 화장실에서 만화로 된 그리스 로마신화를 읽고 있다. 집안은 여전히 책과의 공간 다툼 중이지만 책만큼 좋은 교육과 지식이 어디 있을까 싶다.

책은 나에게 세상에서 제일 공평한 이야기의 전달자이며 어떤 이야기라도 공정하게 전해주는 일에 으뜸이 아닐까 싶다. 나는 책이 참 좋고, 그 느낌이나 감동이 온전히 나의 몫이 되는 것이 더 없이 좋다.

두 아이

나에게는 두 아이가 있다. 대학생인 큰 아이 서영이와 고등학생인 늦둥이 아들 지혁이다. 두 아이의 터울은 무려 6살이다. 그 때에는 만혼인 30대에 결혼을 했고 딸아이를 낳고는 몇 번의 자연유산이 있었던 게 원인이다.

어쨌거나 두 아이는 많은 나이 차이에도 불구하고 지혁이가 돌을 지나면서 붙었다 하면 눈물을 흘리는 전쟁을 했다. 서영인 새까만 동생이 덤비니 분해서 눈물을 흘렸고 지혁이는 제 성질대로 되지 않으니 억울해서 울었다. 기실 큰 아이의 분함은 이해가 되지만 지혁이의 억울하다 느끼는 감정은 유아기에 겪는 자기 중심적인 것에서 벗어나지 않는 것이다. 모든 것은 옳고 그름의 문제가 아니라 자기에게 좋은 것은 옳은 것이요, 자기의 의사에 반하는 일은 그릇된 일이고 좋은 일이 아니라는 억지였다.

서영이도 동생을 좋아했지만 부모의 사랑을 독차지하다가 동생이 태어나면서 동생에게 사랑을 빼앗긴 상실감이 얼마간 자리했고 철없는 동생은 남자라고 고집이 만만찮았다. 제일 먼저였던 순서가 두 번째가 된 것도 서러운데 외가나 친가 할 것 없이 남자아이가 태어났다고 관심은 온통 동생에게 가 있었다. 동생을 좋아하는 마음과 별개로 존재에 대한 서러움이 있었을 것이다.

둘은 집 안에서 몸이 부딪쳐도 텔레비전 리모콘을 가지고도 싸웠으며 심지어 눈빛만 마주쳐도 거친 말이 오갔다.

지혁이는 누나가 자기를 심부름만 시키고 의사를 존중해 주지 않는다고 투덜댔다. 서영이는 나이도 어린 것이 누나에게 대든다고 속상해 했다. 지혁이는 고집에 세서 버스에서건 길거리에서건 고집을 피우기 시작하면 그냥 바닥에 드러누워 버렸다. 인내심이 강한 아내도 번번이 낭패를 봤다. 유치원을 마치고 놀이터에서 매일 두 시간씩 놀았고 시장 사람들이 '오늘은 우째 그냥 가노?'가 인사였다.

그러나 둘이 있을 때는 서영이가 동생을 끝까지 챙기고 동생도 누나에게 의지 하는 편이었다. 부모가 있을 때는 언쟁의 대상이었다가도 둘이 있으면 희한하게도 조율이 되었다. 서영이는 어렸을 때 성격이 밝고 활발해서 친구가 참 많았다. 주변에서 '어떻게 키웠으면 성격이 저리 좋노' 할 정도였다. 밝고 명랑하면서도 감수성이 풍부한 천생 여자아이였다. 핑크빛 물건과 예쁜 것을 보면 그냥 지나가지 못했다.

반면, 지혁이는 고집이 무척 셌다. 몸의 반이 머리라 할 정도로 어렸을 때는 머리가 컸는데 아이가 크면서 고집도 줄어들고 말수도 적어졌다. 한번은 같은 아파트에 사는 유치원 친구 집에 놀러갔다가 둘이 장난감을 서로 가지고 놀려고 티격태격하다가 주먹다짐을 했다. 그 친구아이의 누나 둘은 동생이 일방적으로 밀리는 것을 보고 형제애를 발휘해 힘을 합쳐 작은 아이 지혁이에게 덤볐다. 그러나 역부족, 나중에 전해들은 이야기는 그 누나들이 '지혁이가 얼마나 힘이 센지 우리 둘이 아무리 힘을 써 봐도 도저히 이길 수 없더라.'며 씁쓸해했다.

동기간의 싸움은 늘 있는 일이고 '그러면서 큰다.'는 말도 있지 않던가. 서영이가 초등학교 중학교를 거쳐 고등학교에 다닐 때까지도 싸움의 강도는 여전했다. 싸움의 내용도 발전 없이 거의 대동소이했다. 서영이는 누나의 권위로 동생을 잡으려 했고 지혁이는 자신을 대접해 주지 않고 심부름만 시킨다고 투덜 됐으니 늘 부딪칠 수밖에 없었다. 먹을 것의 배분으로, 자기방의 위치로, 컴퓨터 사용문제로 싸움을 했다. 서영이의 친구들이 불쑥 찾아오면 미리 연락을 하지 않았다고 지혁이는 불평을 했다. 이래저래 불편한 사이였다.

올해 서영이는 복학해서 대학교 3학년이고 늦둥이는 고등학교 1학년인데 서영이가 대학을 가고 나서부터는 현저히 다툼이 줄어들었다. 그 동안 언쟁하고 부딪치면서 지혁이는 누나 서영이보다 한 뼘 반 이상 키가 커졌고 체격도 당당해졌다. 그 동안의 싸움이 결론이 나지 않는 전쟁이라는 것을 알았는지 요즘은 높은 목소리는 거의 들을 수 없다. 몸싸움도 불사하던 아이들이 이제는 협상의 단계를 거쳐 서로를 인정하는 단계에 이르렀다. 서로의 장점을 칭찬하고 대접해 줄줄도 안다.

얼마 전 일이다. 서영이가 '지혁이가 게임을 잘하는 줄은 알았는데 그렇게 잘 할 줄은 몰랐다'면서 칭찬을 했다. 우리는 단순히 그런 줄로만 알았는데 어느 날은 누나가 피시방 팀별게임을 신청하라고 했고 지혁이는 순순히 말을 들었다. 그러나 당일에 개별로 신청한 사람은 팀을 만들어야 출전할 수 있었는데 지혁이가 출전할 수 없게 되었다. 서영이가 일일이 피시방 대학생들에게 이야기해 피시방 알바까지 합쳐 팀을 급조했다. 그런데 웬걸 늦둥이 지혁이의 눈부신 활약으로 우승을 거머쥐었다. 게임이 끝난 후 상대편 사람들이 도대체 00이 누구냐며 몰려들었고 정말 대단하다며 받은 선물을 모두 주고 갔다고 했다. 두 아이는 개선장군처럼 집으로 돌아왔고 우리는 서영이에게는 대단한 일을 했다며 칭찬해주었고 지혁이에게는 '대단하다, 축하한다.' 고 이야기 해주었다.

두 아이의 최초 연합작전은 성공적으로 끝이 났고 그것은 두 사람사이의 쟁의가 이제는 대화와 타협 그리고 배려의 단계에 이르렀다는 것을 의미했다.

나의 전성기

사람의 생애를 통해서 전성기는 언제로 보면 되는 것일까. 우선 생물학적으로 최고의 정점을 전성기로 볼 수 있을 것 같고, 모든 상황을 따져 가장 행복한 시기를 말 할 수도 있겠다. 그것도 아니라면 사회적으로나 경제적으로 가장 왕성한 활동을 할 때를 이야기 할 수도 있겠다.

나의 20대는 금전적인 문제와 진로의 문제가 뒤따르는 번민의 시기였다. 막막한 현실 앞에서 좌충우돌했다. 의욕은 있었으나 사물을 냉철히 직시하지 못하고 패기만으로 덤볐다. 젊다는 이유 하나 빼고 어느 것 하나 긍정적이지 못했다. 미숙하고 부족한 것이 늘 따라 다녔고, 주체하기 힘든 에너지를 발산하지 못해 불만이었다.

현실에 안주하기 힘들었다. 아니 눈앞에 보이는 현실 모두가 불만이었다. 무등無等의 이상세계를 찾듯 석유버너와 찌그러진 코펠만 있으면 무작정 떠났다. 라면과 꽁치통조림 몇 개로 떠나는 여정이 순탄할 리 없었지만 막막한 현실을 잠시 벗어난다는 것만으로 좋았다. 사전준비 없이 불현듯 떠나도 함께 할 친구가 있었고, 밤을 새우며 노래하다 쓰러져 잠이 들어도 젊음이라는 것이 있었기 때문에 좋았다. 넘치는 젊음을 발산하는 시기였고 혼란의 과정이었으며 준비의 시간이었다. 빛나는 청춘이었지만 전성기라고는 할 수 없었다. 미처 정리되지 못한 감정의 덩어리들을 해소하는 시기였으므로 말이다.

병역의무를 마치자 기다렸다는 듯이 책임과 의무라는 것이 나에게 왔으며 어쩔 수 없이 이상과 현실의 타협이 이루어지는 시기였다. 어떤 직업을 가지고 평생을 살 것인가를 결정지어야할 때가 온 것이다. 내가 원하는 직종의 회사는 나에게 냉담했고 현실과 희망사이에 높은 벽이 놓여 있음을 깨달아야 했다.

막연하게 기성세대처럼 답답하게는 살지 않으려했다. 그러나 현실의 엄정한 잣대 앞에 한 치의 오차도 없이 냉정한 현실을 깨닫는데 그리 오랜 시간이 필요하지 않았다. 기성세대와는 다르고 특별하다 생각했던 믿음들이 일시에 우르르 무너져 내려 앉았고 혼란의 연속이었다. 별 볼일 없는 사람들이 하는 일이라 여겼던 일조차도 쉽게 기회가 주어지는 것은 아니었다. 건방을 떨며 내려다보았던 일조차도 내가 선택하는 것이 아니었다. 그들의 선택이 있어야만 할 수 있다는 것을 체득한 뒤 꿈에서 빨리 깨어나야 했다. 현실의 벽은 무엇이든 곧 시작하지 않으며 패배자로 몰릴 것만 같았다.

은근히 결혼이라는 놈이 목을 죄기 시작했고 덩달아, 학력,

재산, 외모, 가족력 등을 돌아보게 되었다. 결혼은 당자가 하는 것이었지만 따지는 조건들이 만만치 않았다. 하늘에서 나만 뚝 떨어진 것이 아니었다. 가족이라는 이름이 공동운명체라는 것을 알았다. 좋은 직업을 가졌다는 것은 마음에 드는 짝을 만나는 바로미터였으므로 상대적 박탈감이 컸다. 서서히 의욕이 꺾이고 꿈은 점점 현실적인 것으로 바뀌기 시작했다. 포기라는 것과 맞선이라는 단어들이 친숙하게 다가오기 시작했다.

삼십을 전후해서 친구들은 결혼이라는 이름으로 하나, 둘 멀어져갔다. 언제라도 전화 한 통이면 만날 수 있었던 친구들이 생활의 무게로 표정 없는 로봇처럼 변하기 시작했다. 십 원짜리 고스톱, 커피 한 잔으로도 즐거웠던 우리들의 유희는 마누라나 아이들의 이야기로 바뀌기 시작했다. 가진 것을 다 털어내 놓고도 모자라 차용할 방법까지 이야기하던 친구들의 주머니는 더 이상 그들의 주머니가 아니었다. 만 원짜리 지폐 하나도 생각을 굴리며 꺼내야 하는 나약한 사람들이 되어갔다. 그렇게 우리의 삼십 대는 책임감과 현실의 무게로 회사, 일 그리고 앞만 보고 달려갈 수밖에 없었다.

마흔을 넘자 비로소 주위를 돌아볼 여유가 생겼고 외롭다는 생각과 동류의 친구들을 찾기 시작했다. 2-30대처럼 혈기가 넘치지 않아 언쟁을 하는 일이 줄었다. 경제적으로도 여유를 찾을 나이어서 대포 한 잔 정도는 언제라도 살 수 있게 되었다. 남의 실수도 적당히 덮어 둘 줄 알고, 배려라는 의미도 깨닫게 되었다. 내가 가진 그대로를 보여 주며, 사람을 편안하게 맞을 줄도 알게 되었다. 이해의 폭도 넓어져서, 나와 다른 사고와 행동도 수용하고, 인정할 줄 아는 나이가 된 것이다.

불혹을 넘어 지천명의 나이가 되었다. 열정적이지도 못하고 풋풋한 젊음을 가지고 있지도 않다. 듬성듬성 빠져가는 머리카락과 늘어나는 주름을 세월의 훈장처럼 지니고 있지만 그래도 지금이 좋다. 열정을 감추고 은근히 뜨거울 줄 알고, 풋내 나던 젊음을 곰삭혀 감칠맛을 낼 줄도 알게 되었다. 칼날 같아 타협을 모르던 성격도 이제는 제법 다독여 조절할 줄 알게 되었다.

아득히 멀어져간 날을 뒤돌아보면 빛나지 않았던 청춘이 어디 있겠는가. 아무런 치장 없이도 아름다웠던 꽃 같은 젊음 말이다. 하지만 지금의 나와 바꾸고 싶은 생각은 조금도 없다. 지금이 바로 나의 전성기이기 때문이다.

아버지라는 이름으로

어버이날이다. 막둥이 아들에게 생각하지도 못했던 카네이션을 선물 받았다. 천방지축인 녀석에게 어떻게 그런 곰살맞은 애살이 숨어있었던 것일까.

언제 감쪽같이 꽃을 숨겨놓았던 건지 하오를 거의 같이 보내는 나도 몰랐다. 아내에게 자초지종을 물어보니 저녁에 함께 외출을 하고 집으로 돌아오는 길에 잠시 사라지더니 그때 사왔던 모양이라는 것이다. 무뚝뚝한 아비에게 중학생인 딸아이도 챙기지 못하는 것을 초등학교 2학년인 막내가 꽃을 줄 생각을 한 것을 보면, 어리고 철부지로만 생각했던 아이도 생각은 멀쩡한 것인가 보다.

대대로 우리 집은 별로 말이 없는 집이었다. 내가 기억하는 할아버지 형제분이 모두 그랬으며 아버지 또한 과묵하셨다. 전해들은 윗대 어른들도 그러했다. 가풍으로 내려왔다고 할 수는 없지만 성향이 그러했지싶다. 남아일언 중천금의 본을 보이듯

꼭 필요한 말만했고, 장황한 말은 경박하다 일침을 놓으셨다. 대신에 한 번 뱉은 말은 반드시 실천하는 천금의 무게로 여겼다. 말이 곧 언약이었으며 뱉은 말은 반드시 지키게 하여 경솔한 언행을 삼가게 했다.

집안의 분위기는 무거웠다. 거기다 양반의 법도를 좇아 어른의 말은 반드시 따라야 하는 가부장적인 집이었다. 할아버지의 기침 소리만 들려도 말소리를 죽였다. 귓속말은 아녀자들이나 하는 행동으로 치부했으며 '선비는 얼어 죽어도 곁불을 쬐지 않는다.' 는 속담처럼 행동 하나도 결코 가벼이 하지 못하게 했다.

밥 먹을 때는 후루룩이나 쩝쩝 따위의 소리를 못 내게 헛기침으로 단속했다. 식사시간에는 수저가 밥그릇에 부딪치는 소리만 간간이 날 뿐이었다. 어디 그뿐이랴. 밥은 젓가락으로 먹으면 안 되었고 국의 건더기도 젓가락으로 먹지 말아야했다. 급한 마음에 밥그릇을 들고 밥을 먹거나 국그릇을 들고 국물을 마시는 것도 경망스러운 행동이라 하여 어험! 하는 할아버지의 헛기침 소리를 들어야했다.

그러고 보면 구시대의 유물 같았던 사고들이 우리 집은 좀 유별나게도 오래 남았던 것 같다. 그것이 대를 이어 아버지에게 전해졌다. 바른 일에는 짧은 칭찬이 따랐지만 잘못한 일에는 엄한 꾸중이 뒤따랐다. 그러면서도 매를 들어 때리거나 손을 이용하여 혼낸 일이 없는 것을 보면 말만 엄히 하는 것이 아니라 행동도 엄중하게 했다는 생각이 든다.

표정과 행동을 엄하게 하시던 할아버지나 아버지도 자식 사랑만은 대단해서 가없는 사랑을 주셨다. 그건 대대손손으로 내려오는 유산 같은 것이었다. 겉으로는 엄하고 때로는 모질게 대하는 것처럼 보여도 마음 깊은 곳에서 그게 아니었던 것이다. 생각해보면 오밀조밀한 사랑도 아기자기한 구석도 없는 분들이었다. 사랑을 전하는 방법에 차이가 있었어도 어떤 부모보다도 많은 사랑을 전해주신 것이 아닌가 싶다.

엄한 표정의 할아버지와 찬바람이 쌩쌩부는 것 같던 우리 집안에도 부자지정은 남다른 데가 있었다. 고조할아버지는 증조할아버지의 공부를 위해 평생을 모은 녹록찮은 재산을 모두 팔아 뒷바라지를 했다. 덕분에 증조할아버지는 공부에만 전념할 수 있었고 말년에 한양에서 낙향하여 후학을 가르치는 일에 매진했다. 평생을 배우고 전국을 돌며 가르치면서도 정작 당신 자식들을 직접 훈육하지 못한 일을 가슴 아프게 생각하셨다. 결국 서당을 팔아 자식들에게 종자돈을 마련해 주기로 하셨다.

근면 성실한 할아버지는 열심히 일했고, 이재에도 일찍 눈을 떠 큰 부를 이루고 인근에서 가장 큰 집을 지어 드렸으나 애석하게도 증조부가 돌아가신 뒤였다. 흥망성쇠는 필연의 법칙으로 할아버지가 이루어 놓은 재물도 가뭄과 홍수 등의 재해와 여러 사정으로 가세가 서서히 줄어들기 시작했다.

아버지 대에서는 고만고만하게 살게 되었다. '삼대 부자 없고 삼대 가난뱅이 없다' 는 말이 있듯 말이다. 아버지는 한 때 부를 이루었던 고향에 미련을 두지 않고 아이들의 장래와 미래를 위해 고향을 등지고 대처로 이주를 했다.

고향을 등진다는 것만으로도 어려운 법인데, 아버지는 얼마 남지 않은 전답과 임야를 끝까지 지켜주셨다. 조상이 물려준 땅을 당신 대에서 파는 불효는 할 수 없고, 조상의 은덕을 후대까지 물려주어 요긴하게 사용해야 한다는 신념에서였다. 그러하였기에 아버지와 어머니의 고초는 더욱 큰 것이 되었다. 그러면서도 고조부가 증조부에게 그랬던 것처럼 자식들의 교육 만큼은 절대 타협이 없으셨다. 그 덕분에 우린 최소한의 고등교육은 받게 되었지만, 아버진 네 명의 자식들 학비를 위해서 2년간 거친 막노동을 하셨다. 부러울 것 없는 부잣집에서 자라 거친 일은 모르고, 오로지 한학만 하셨던 아버지가 자식 교육을 위해서 몸을 사리지 않으셨다.

이제 할아버지와 아버지도 먼 길을 가시고 나는 두 아이의 아비가 되어 어렴풋이 그분들의 사랑을 짐작할 뿐이다. 따지고 보면 선대 어른의 사랑이 없었다면 지금의 이 행복이 가당키나 하겠는가. 가없는 사랑으로 내려주신 행복이고, 그분들의 음덕으로 넘치는 사랑을 받고 있다.

고조부, 증조부, 조부, 아버지로 이어지던 부자지정은 가슴이 저릴 만큼 벅찬 감동과 사랑을 나누어 주셨다. 이제 나도 자식에게 무엇을 물려줄 수 있을 것인지를 생각해야 할 때가 아닌가 싶다.

막둥이 녀석은 무엇이 그리 좋은지 나를 보면 빙긋 웃는다. 나는 저 아이를 위해 무엇을 해줄 수 있을 것인가.

속았다

아침이 밝았다. 사람의 기척이 들리자 거실의 있던 구슬이가 집에서 꺼내달라고 낑낑거리기 시작한다. 생긴 건 아주 반듯한데 하는 짓이 모자라기 이를 데 없다. 그렇다고 여우 짓으로 사람 혼을 속빼놓을 만큼 예쁜 짓을 하라는 것도 아닌데 말이다.

통통한 체구, 알맞은 두상에 잘생긴 얼굴, 누구든 한눈에 반할 생김새다. 영리하게 반짝이는 눈, 백옥같이 흰 털은 속빈 강정처럼 겉모양만 그렇지. 속을 들여다보면 문제가 되는 것이 하나 둘이 아니다.

키우던 말티즈종의 방울이를 큰 아이가 데리고 횡단보도를 건너다 뺑소니차에 치여 죽었다. 아이가 받을 충격을 최소화하기 위해 급하게 같은 종류의 강아지를 수소문하였다. 마침 어느 집에 분양할 강아지가 있다기에 청을 넣었다. 이미 누가 가져가기로 약속이 되어 있다고 했다. 그래서 다른 곳에서 강아지를 구해 방울이라는 이름을 지어주었다.

그런데 얼마 후 분양 부탁을 넣었던 사람에게서 강아지를 구했느냐고 연락이 왔다. 가져가기로 한 사람이 가져가지 않았다고 했다. 그렇다면 우리 방울이도 혼자 적적하니 함께 키우겠다고 했다.

우리 집에 보내기 위해 병원으로 예방주사를 맞히러 갔던 지인이 강아지가 여러 곳에 기형을 가지고 있는데 괜찮겠느냐고 물어왔다. 이미 지불한 돈도 있고 아이들에게 다른 강아지가 온다고 이야기를 해놓았고 혹 다른 곳으로 가 천덕꾸러기가 되는 것보다 우리가 키우는 것이 낫겠다는 생각에 데려 오기로 했다. 아마도 먼저 가져가려던 사람도 그래서 가져가지 않았던 모양이다.

우여곡절 끝에 우리 집에 온 강아지를 구슬이라고 이름 지어 주고 함께 살게 되었다. 얼핏 보기에는 다른 강아지와 같아 보였으나 부정교합으로 윗니가 튀어나와 아랫니와 맞지 않고 뒷다리의 움직임도 문제가 있었다. 발가락이 붙어 있어 자주 미끄러졌고 기능상의 문제로 암컷임에도 불구하고 생산능력을 기대하기는 어렵다고했다.

성격이 밝은 구슬이는 먼저 온 방울이에게 대책 없이 덤벼들다가 물리는 건 예사고, 앞뒤를 재지 못하고 아무 곳에서나 뛰어내리다가 다치기 일쑤였다. 뒤뚱거리는 걸음과 불완전한 몸을 가졌어도 하는 행동이 귀여워 가족들에게 사랑을 받았다. 나라고 구슬이가 귀엽지 않은 건 아니지만 갑자기 소외된 방울이를 더 귀여워해야 했다. 모두가 구슬이에게 정신이 팔려있는 동안 새침데기 방울이는 소외감을 느끼며 나만 보면 좋아라 품에 안

겨왔다.

'속았다'는 것은 자기가 생각한 바와 상이하거나 차이가 클 때를 말한다. 긍정적으로 다르다는 의미보다 부정적인 뜻으로 해석된다. 긍정적으로는 '심봤다. 횡재했다.'라고 할 수 있지만 '속았다'는 기대치에 이르지 못하는 마음인 것이다. 사물의 안과 밖이 같은 것을 두고 내외일여內外一如라 하고 다른 것을 표리부동表裏不同이라 한다. 이 말은 대게 사람을 두고 이르는 말인데 '겉과 속이 다르다.'는 의미는 보통 부정적이고 건전치 못한 생활이나 행동을 말하지만 이것은 긍정과 부정의 뜻을 내포한다.

인상이 험한 사람이 성격조차 좋지 않으면 나쁜 사람이라 말하지만 겉과 속이 같으니 적어도 속을 일이 없다. 외양이 아주 번듯하게 잘 생기고 마음 씀씀이와 행동이 바르면 역시 내외일치內外一致가 된다. 그러나 겉은 번지르르한데 하는 행동이 그에 미치지 못하거나 데데하고 마뜩치 않으면 이건 '표리부동'이고 '속았다'는 것이 된다. 반대로 행색은 좀 부족하고 모양이 볼품없어도 마음이 따뜻하고 바르다면 이건 긍정적인 표리부동이고 '심봤다'에 해당된다 할 것이다.

우리는 세상을 살면서 얼마나 많은 잣대를 들이대고 사는가. 저 정도는 있어야 기 펴고 살지 하는 허영, 이런 정도는 되어야 내 상대자가 될 수 있어 하는 오만, 적어도 나 정도는 되어야 괜찮은 사람이지 하는 자만, 눈을 위아래로 훑어 내리며 상대를 무시 또는 경시도 한다.

구슬이가 그랬다. 예쁜 짓 하고 잘 생긴 얼굴과는 달리 대소변을 가리지 못했다. 반면 방울이는 시키지 않아도 스스로 대소변을 가렸다. 구슬이에게 인터넷에서 대소변 가리는 법을 찾아 시도해보고 개를 키우는 지인에게 조언을 구하는 등 별별 방법을 동원했으나 결국 실패했다.

아파트라는 구조는 사방이 막혀있어 개를 키우기에 적합한 장소가 못된다. 그럼에도 불구하고 개를 키울 수 있는 최소한의 조건은 대소변을 가린다는 전제가 수반되어야 한다.

한 여름에는 사람 몸에서 나는 땀 냄새조차 버거운 곳이 아파트다. 밀폐된 공간에서의 개의 대소변은 지독한 냄새를 풍기고, 소파나 가구에 볼일을 보면 여간 오래가는 게 아니다. 구슬이가 대소변을 아무 곳에나 실례를 하니 방울이까지 감금되어야 했고, 구슬이의 변이 방울이에게 묻어나니 보통일이 아니었다. 두 녀석을 두고 고민을 하다가 강아지를 원하는 지인 집에 한 마리를 보내기로 했다. 문제는 누구를 보내느냐 하는 것이었다.

대소변을 잘 가리는 영리한 공주과의 방울이를 보내느냐, 천방지축인 구슬이를 보내느냐 하는 것이었다. 아침에는 구슬이를 보내자 했다가 저녁에는 방울이를 보내자는 뒤집기가 며칠 동안 계속되었다. 결국 누구를 보내든 지인의 집에서 끔찍이 좋아해줄 것이지만 대소변을 못 가리는데다 장애가 있는 구슬이 보다는 방울이를 보내자는 쪽으로 의견이 모아져 구슬이가 집에 남게 되었다.

성견이 된 구슬이는 요즘도 여전히 대소변을 못 가리는 사고를 날마다 치고 있다. 가족 모두는 그러려니 하지만 나만은 예외다.

맛난 먹이로 유인도 하고 신문지를 곱게 깔아줘 가며 배변을 한 곳에 할 수 있게 유도해 보지만 소용이 없다.

구슬이의 잘 생긴 모습에 우리가 속은 건 확실하다. 내가 퇴근을 하면 대책 없이 좋아하며 껑충껑충 뛴다. 반가워하는 녀석을 보는 그 순간만은 '속았다' 는 생각이 하나도 들지 않는 이유는 무슨 까닭인지 모르겠다.

어이구, 구슬아! 이 징~한 놈.

시금치

텔레비전에서는 6시 내고향이라는 프로그램이 방송되고 있다. 비금도편이다. 비금도는 최고 품질의 소금이 많이 나는 곳으로 알고 있고 지인의 고향이기도 하다. 비금도 하면 제일 먼저 지인이 생각난다. 군산에서 대학교수로 있는 그는 비금도에서 해양도시 부산으로 와서 바다와 연관된 학과를 선택했고 졸업 후 잠시 학교를 떠나 있을 때 나와 인연이 되었다.

성향이 번잡하지 않고 나서기를 좋아하지 않았으며 속 노림도 적었다. 별로 말이 많지 않는 점잖은 사람이었기에 성향이 맞았다. 젊지 않은 나이에 한 때의 꿈을 좇아 검도를 시작했다. 늦게 시작한 운동은 빠르게 익힐 수는 없었지만 늘 검을 놓지 않고 성실했다. 각고의 노력과 인성덕분에 빠른 성장을 할 수 있었고 도장도 개관할 수 있었다. 그는 전력투구했지만 주인과의 문제로 도장을 철수할 수밖에 없었다.

와신상담, 연고도 없는 울산에서 도장을 열고 열심히 노력하여 토대를 만든 후 학교로 돌아갔다. 부모님의 숙원인 대학교수, 평생소원을 모른 척 하기 어려웠기 때문이다. 그가 떠나고 도장은 엄청나게 사람이 모여들었다. 멀리보고 투자한 성과였을 것이다. 어쨌거나 그는 성공 직전에 대학으로 복귀한 것을 아쉬워했으나 어쩔 수 없는 일이었다. 그는 착한 사람이었고 부모님은 누구보다도 자식의 학문적인 성공을 바라셨으니까.

어느 해, 부부가 설에 부모님을 뵈러갔다가 시금치를 가져왔다. 시금치가 해풍을 맞고 노지에서 자라서 그런지 작고 통통했다. 익히 뭍에서 보던 그런 푸른 나물모양은 분명 아니었다. 유황을 먹인 오리는 그 독성으로 인해 털이 듬성듬성하다. 그런 것처럼 어렵고 힘들게 자란 것처럼 솔직히 모양은 볼품없었다.

경험으로 고향을 소개하는 프로그램에서는 무엇이든 맛나고 특별한 것으로 띄워준다. 그 지역에서 많이 생산되는 것이라면 판로를 위해 생각해 주는 것이다. 그러다 보니 특별해서 특산물이 아니라 많이 생산이 되니 특산물이 되는 경우가 많다. 나도 유명하다는 말에 그러려니 했다. 특별히 맛이 있는 것과 많이 알려졌다는 것은 다른 것이기 때문이다. 유명인과 실력이 알찬 사람과는 다를 수 있는 것처럼.

시금치는 우선 모양이 별로였지만 웃자란 티가 없었다. 허실 있는 웃자람은 없었지만 그것과 맛있는 것과는 분명 다른 것이다. 은근슬쩍 뽀빠이를 생각하고 부풀려진 과대포장을 경계했다는 말이 맞을 것이다. 솔직히 채소가 맛있다는 말은 거짓말에 가깝다. 건강에 유익하다는 말에는 공감하지만 육식에 비해 맛이 덜한 것은 사실이다. 육식의 진수성찬을 위해 보조하는 곁다리 역할이다.

옛날에는 육고기가 귀해서 푸성귀로 만든 반찬이 주였다. 그러나 지금은 육고기가 많아 옛날처럼 채소류와 장아찌 김치로 빈한한 밥상을 차리지 않아도 된다. 소고기, 돼지고기, 닭고기가 빠진 밥상이라고 해서 빈한한 밥상이라는 것에는 이견이 있을 수 있다. 그러나 잔치상에 육고기가 빠진다면 풍성함이 부족하다는 것에는 공감가는 일이다.

나이가 들어가면서 채소류가 좋아지는 것은 사실이다. 건강을 위해서라도 푸성귀를 가까이 해야 하는 것은 맞지만 그렇다고 시금치가 시금치지 하는 마음이었다. 시금치가 맛있다고 해봐야 거기서 거기라는 생각과 고집 때문이었다. 의식 가운데는 여전히 육고기 굽는 자글자글한 소리와 사기그릇에 얌전히 담긴 나물류를 비교하는 것처럼 편견이 존재했다. 네발 달린 짐승보다는 아무래도 귀하기가 덜한 상대라는 생각이었다.

부재료라는 한계성을 인정했지만 솔직히 특산물이라는 것에는 솔깃하기도 했다. 우선 모양이 모진 곳에서 자란 푸성귀처럼 웃자란 모양이 없었기 때문이다. 경험으로 비추어 보면 같은 씨앗으로도 인삼과 산삼처럼 환경에 따라 크기가 매우 다르다. 또 하우스와 노지의 재배처럼 분명 차이가 있고 무엇인가 다를 것이라는 기대가 있었다.

맛이 궁금하여 냄비에 물을 붓고 살짝 데친 후 갖은 양념을 하고 참기름과 깨소금으로 마무리를 하기 전에 맛을 봤다. 달았다 그리고 달랐다. 나물이 달다 혹은 들큰하다는 이야기는 많이 들었지만 확실히 맛이 달랐다. 겨울에 모질게 자란 채소가 맛이 더 있다는 것은 알고 있었지만 비금도의 시금치만큼은 아니었다.

겨울은 시금치가 한창 맛이 있을 때고 이견 없이 시금치가 가장 맛있을 때가 지금이다. 들큰한 맛에 절로 감탄이 나오는 순간이었다. 며칠전 재래시장에 갔다가 시금치가 생각나 들러본 적이 있다. 이파리에 떡잎이 진 것은 노지에서 난 것이라고 해서 작은 양에도 비쌌다. 겨울철답지 않게 뿌리에 비해 유난히 긴 이파리와 푸른 이파리를 가진 것은 온실에서 자란 것이 분명했다. 척박한 조건에서 모질게 자라고 이파리도 성근 시금치를 골라 담았다. 내 눈에는 허여멀건 허우대를 가진 것보다는 보기에는 못나 보여도 내실이 있는 놈이 눈에 들어왔던 것이다. 지인이 준 비금도의 시금치가 아니어도 그게 무슨 대수랴. 의미만을 가슴에 담는 일인데.

요즘 시금치가 제철이다. 시금치를 볼 때마다 무던하게 훈훈한 그 사람을 떠올린다. 그리고 그 맛있던 시금치를 생각한다.

계란 세 개

설을 앞두고 경주를 찾았다. 몇 개월 만에 찾아가는 고향이지만 고향은 변화를 좋아하는 심술쟁이처럼 또 달라져 있었다. 타향에 사는 사람에게 고향은 유년의 아름다웠던 추억을 기억하는 곳이다.

산을 몇 개 넘어야만 갈 수 있는 고평이라는 마을이 있다. 오래전에 고향을 떠난 나에겐 고향하면 빠지지 않고 생각나는 짙은 향수의 그림자가 남은 곳이다. 마음만 먹으면 언제든 갈 수 있는 곳이라 마음을 가벼이 여긴 것이 불찰의 시초가 되었다.

아이들이 등하교 하며 다니던 길은 걷는 사람이 없어지면서 길의 흔적이 희미해졌다. 더구나 겨울 난방의 주연료가 나무에서 가스로 바뀌면서 나무를 하는 사람이 거의 없어져 잡초가 우거지고 나무가 자라 길을 막아버렸다. 산길은 몇 년 만 사람이 다니지 않아도 길이 없어지고 만다. 그래도 꼭 가려면 못갈 일도 아니었는데 이런 저런 사정으로 고향에 가면 늘 생각만 하다가 그냥 돌아오곤 했다.

설상가상 몇 년 사이에 상전벽해가 되어 산길의 초입에 펜션이 들어서 완전히 길을 막아버렸다. 우회해서 가기에는 엄두가 나지 않는 먼 길이 되어 버렸고, 산길은 잡목이 우거져 도저히 사람이 다닐 수 없게 되어버렸다.

사실 그리움에 비해 고평에 대한 구체적인 기억은 많지 않다. 친척 큰할머니와 작은할머니가 한집에 계셨는데 보기 드물게 사이가 좋았다. 큰할머니는 아주 인자한 분이었고 작은할머니는 말이 별로 없었지만 우직한 정을 가진 분이었다. 친할머니의 정을 모르고 자란 나는 방학이면 그곳으로 놀러가곤 했다. 나에게 그곳은 고향의 봄이라는 동요를 부르면 제일 먼저 생각나는 곳이다. 복사꽃과 살구꽃이 곱게 피는 양지바른 산골이었다.

집 앞에는 십여 가구가 사용하는 자그마한 공동우물이 있었다. 햇살이 좋던 어느 날 나는 두레박을 가지고 물을 푸다가 누군가 우물 턱에 올려놓은 세숫비누를 우물에 빠뜨리고 말았다. 일렁거리는 물의 파문 속으로 비누가 찌그러져 보이면서 천천히 가라앉아 나는 발만 동동 굴렀다. 비누는 우물 바닥에 가라앉았고 나는 당황하고 두려운 마음에 시치미를 떼고 할머니 집으로 도망치듯 숨었던 기억이 남아있다.

혼자만 아는 일이었지만 40여 년이 지난 지금에도 마음속에 각인된 부끄러움과 미안함이 있다. 그 후의 기억이 남아 있지 않는 것을 보면 아마도 그것이 고평에 대한 마지막 기억이 아닌가 싶다. 그래서 더 고평이라는 곳을 더 생각했는지도 모르겠다.

선산의 묘소를 두루 돌아보고 나서 마을에서 오리나 떨어진 바닷가에서 먼 친척 동생과 식사를 했다. 식사 중에 고평으로 가는 길이 막혀 갈 수 없다고 애석해 하니 동생이 아랫마을에서 우회하는 길이 있다고 새로운 길을 알려주었다.

식사를 마치고 더 이상 미루어서는 안 되겠다는 생각에 길을 나섰다. 마음은 이미 그곳으로 향해 있었다. 얼마나 변했을까, 내 기억 속에 있는 것과 얼마나 바뀌어 있을까 하는 마음이 길을 조급하게 재촉했다. 갈 수 없을 것이라 거의 포기하고만 있던 먼 과거로의 여행을 가는 설렘 같은 것이었다. 아랫마을 초입에서 노인에게 길을 묻으니 산길을 따라 끝까지 가면 된다고 알려주었다.

길은 농로를 따라 구불구불 산 쪽으로 나 있었다. 구곡양장처럼 좁고 굽어져 멀리를 내다볼 수 없었다. 모퉁이를 돌면 또 산이 나타나고 산을 끼고 돌면 개울이 나타나고 마치 짙은 안개가 낀 것처럼 길을 가늠할 수 없었다.

두려움은 과거의 기억으로부터 무서움을 인지하고 나서야 느낄 수 있는 감정이다. 무작정 가다가 차가 개울에 차가 빠지거나 돌아 나올 수 없는 길이 아닐까 하는 의심이 생기자 두려웠다. 비오는 날 농로에서 차가 미끄러져 혼났던 생각이 났다. 외진 길을 혼자 가다가 차를 돌릴 곳이 없어 몇 시간이나 고생했던 기억도 되살아났다. 노인이 가르쳐 주는 대로 가고 있지만 중간 중간에 샛길이 있어서 제대로 가고 있는지 확신할 수 없었다. 길은 차 한 대가 겨우 지나갈 수 있는 아주 작은 농로였다. 만약 길을 잘못 들었다면 도저히 후진으로는 나올 자신이 없을 정도였다.

아직 해는 남아있었지만 길은 산 그림자로 어둑했다. 좁고 굽고 울퉁불퉁한 골짜기여서 햇빛조차도 제대로 길을 비춰주지 못했다. 산을 따라 논길을 따라 개울을 끼고 얼마나 달렸을까. 인내가 바닥을 드러낼 즈음 막다른 곳에 닿았다. 너 댓 채의 집이 보였다. 차를 겨우 후진하여 논으로 들어가 돌려놓고 인가를 찾았다.

첫 집에서 사람을 찾으니 여든이 훨씬 넘어 보이는 할아버지가 나오셨다.

"어르신, 말씀 좀 여쭙겠습니다. 여기가 고평인가요?"

"예, 고평 맞심더."

"아 그렇군요. 그럼 혹시 옛날에 상계에서 산을 넘어오는 길이 어딘지 아십니까?"

오른쪽 산기슭을 가리켰다

"예전에는 저 길로 다녔지요."

아! 제대로 찾아왔구나. 만감이 교차했다.

예전에는 20여 가구가 있었는데 이젠 많이 떠나고 대 여섯 가구만 남았다며 낯선 내가 반가웠는지 말을 이었다. 낯선 이방인을 경계하던 닭과 오리들도 나와 할아버지의 이야기가 길어지자 마당가운데 풀어 놓은 짚을 헤집고 한가로이 먹이를 찾고 있었다. 할아버지는 타지에서 옛 기억을 가지고 왔다는 이야기를 듣자 반갑다며 마당의 짚을 헤집어 계란을 세 개나 찾아주었다.

고평에서 나고 자란 할아버지는 고평 할머니에 대해서도 소상히 알고 있었다. 이야기 중에 선친과는 동문수학한 가까운 친구였다는 사실도 알게 되었고, 거의 매일 우리 집 대청에서 놀다가 재를 넘었다는 이야기도 해주셨다. 인연이란 기묘하게 연결되는 것 인가보다. 뜻하지 않게 선친의 친구 분을 만났으니 말이다.

'닮아도 어쩌면 그리 닮았을까. 아버지를 닮았다면 뭘 해도 할 것' 이란 덕담도 해주셨다. 공연히 부끄러웠다. 다음에 고향에 오면 꼭 찾아뵙겠다는 인사를 하고 돌아 나오며 우물이 있던 자리를 찾았다. 놀랍게도 우물은 낡았긴 해도 그 모습 그대로 있었다.

이젠 우물로 사용하지 않는지 대나무 발로 덮어져 있었다. 발을 걷어내자 우물은 여전히 맑은 속살을 보여주었다. 바닥이 보이는 우물은 묵혀진 이야기를 쏟아낼 듯 했다. 나에게 '너 이제 그 날의 비밀을 털어 놓지' 하는 듯이.

과거는 그리움일 수는 있어도 누구에게나 무작정 아름다운 기억만 가진 것은 아닐 것이다. 퇴색한 시간이 주는 그리움이란 것을 잡아보고 싶은 바람이 있었던 것이다. 그리고 미숙했던 과거가 순수라는 단어의 경계와 맞닿아 있다는 믿음과 고향의 우물처럼 속 깊은 이야기를 품고 있기 때문이 아닐까.

지금 내 책상 위에는 고향마을에서 얻어 온 계란 세 개가 놓여있다.

상쟁이

우리 집은 사방 10여 리 인근에서 가장 큰 집이었다.

대청마루에 큰 기둥은 아름으로도 안을 수 없을 만큼 크고 웅장했다. 집이 크다보니 대처에서 귀한 손님이 오면 으레히 우리 집에서 묵어갔다. 개울 건너 초등학교 선생님들이 주로 거쳐 갔는데 사택이 한 동 뿐이어서 짧게는 며칠씩 묵었지만 길게는 몇 년씩 살다가 타지로 떠나기도 했다.

내가 미취학이었거나 아니면 초등학교 저학년이었을 것이다. 어느 해, 상을 고치며 이곳저곳을 떠도는 노부부가 우리 마을로 들어왔다. 그들은 당연히 여러 개의 방이 비어있는 우리 집으로 거처를 잡았다. 또 집이 마을의 중간에 위치해서 윗마을 아래 마을로 다니기도 안성맞춤의 자리였다.

상쟁이 할아버지는 이마에 아주 굵은 주름이 있는 사람이었다. 할머니는 갸름한 얼굴에 잘 웃는 얼굴이었지 싶다. 신기한 것은 그 무렵의 기억이 나에게는 거의 전무한데 희한하게도 상쟁이 할아버지 부부의 얼굴과 행동 모습은 어렴풋이 기억이 난다.

노부부는 마을 집집마다 돌아다니며 다리가 부러졌거나 혹은 옻칠이 벗겨진 상과 제기 같은 잡다한 목기들을 가져와 수선하는 속칭 상쟁이 혹은 칠장이였다. 물자가 귀한 때다보니 상을 새로 장만해서 사용하기 보다는 수선을 해서 썼다. 그래서 칠이 벗겨진 제상이나 목기들을 모아 두었다가 추석이나 설 전에 외지에서 수선하는 사람들이 오면 한꺼번에 맡기곤 했다.

그때의 반상기들은 거의 옻칠이 된 것으로 상 하나를 수선하는 데에도 짧게는 며칠씩 걸렸고 길게는 달포나 한 달 걸렸다. 각각 다른 크기와 모양의 상들이다 보니 재료를 구하고 다듬고 말리는데 시간이 걸렸고, 옻은 옻나무에서 수액을 채취한 것을 쓰다 보니 당연히 오래 걸릴 수밖에 없었다. 새로 수선할 물건이 들어오면 아침저녁으로 상쟁이 할아버지는 틈틈이 들로 산으로 알맞은 재료를 구하러 다녔고, 할머니는 그 사이에 이웃을 돌며 수선할 물건들을 맡아 왔다. 일종의 분업이었던 셈인데, 아무래도 무뚝뚝한 할아버지 보다는 사근사근한 할머니가 물건을 걷어오는 일이 나았다.

틈새가 벌어진 상이나 잡다한 물건들도 상쟁이 할아버지의 손만 거치면 거짓말처럼 새것이 되었다. 상쟁이 할아버지가 일하는 곳에는 언제나 긴 소나무 뿌리가 뱀처럼 둘둘 말려져 있었다. 할아버지는 일을 할 때에는 소나무 뿌리를 마치 껌처럼 질겅질겅 씹었다.

작업장에는 소나무 뿌리를 비롯하여 여러 가지 나무들이 여기저기 흩어져 있었다. 부러진 상다리부터 제기까지 비틀림이 없도록 마른 나무로 일일이 깎고 다듬어서 옻칠을 했다. 어린 내 눈에는 굵은 주름의 할아버지가 대단한 요술쟁이처럼 보였다.

별다른 오락거리도 없는 때였다. 오며가며 신기한 것 투성이인 그곳을 구경 다니다가 어느 날부터는 노부부를 따라 수선할 물건을 걷으러 다니게 되었다. 우리 집에서 가장 어수룩한 내가 요즘 말로 하면 픽업이 된 것이다.

시골은 도시화가 덜 된 탓에 변화가 더디고 외지인의 왕래가 많지 않아 낯선 사람에 대한 낯가림과 경계가 심했다. 더구나 쟁이에 대한 천시풍조가 있어서 거처나 신분이 확실하지 않으면 어떤 것이든 수선을 쉬 맡기려 하지 않았다. 그래서 뜨내기 노부부에게는 확실한 신분인 내가 필요했던 것이 아닐까 싶다.

대부분의 부모들은 그런 사람을 따라다니는 것 자체를 탐탁지 않게 여기는 경향이 있었다. 또 아이들도 영악해서 그런 사람들을 따라 다니는 것 자체를 좋아하지 않았지만 어수룩했던 나는 그들을 따라다니는 것이 싫지 않았던 것 같다.

원래 어느 집이나 중간은 치이게 마련이다. 나도 예외가 아니었다. 형이나 누나에게 불평하거나 항거하면 동생이 형에게 대든다고 야단맞기 일쑤였다. 동생과 싸우면 형이 동생을 잘 돌보지 못한다고 통박을 받았다. 개밥에 도토리 신세처럼 외톨인 나에게 칠장이 부부의 사탕은 달콤한 유혹인 동시에 탈출구였다. 굳이 누구네 손자라는 택호를 대지 않아도 그들이 나를 먼저 알아봤다. 그리하여 상쟁이 부부와 나는 공생관계가 되었던 셈이다. 눈

깔사탕을 쪽쪽거리며 따라다녔던 것 같은데 솔직히 사탕이라는 것 외에는 기억이 흐릿하다.

돌이켜 보면 내가 아무리 어수룩하다 한들 사탕만으로 그들을 따라 마을을 돌아다니기는 어려웠을 것이다. 이제야 밝히지만 그들은 나를 손자처럼 대해 주었으며 포근하게 나를 품어주었기 때문에 가능하였던 일이 아니었을까 짐작해 본다.

몇 달을 머물렀던 노부부는 일거리가 줄어들자 지게에 바리바리 짐을 싣고 어딘가로 떠나서 우리의 동업자 관계도 끝이 났다. 그리곤 꿈속에서 조차 다시 만날 수 없었다.

가을햇살이 따갑게 내리쬐면 대청마루에 내리던 햇살을 기억한다. 어쩌다 고향에 가면 지금은 남의 손에 넘어가 버린 빈터에서 그때를 가늠해보며 상쟁이 부부를 기억해 본다. 이미 고인이 되었겠지만 하회탈처럼 주름 골이 깊게 패인 이마와 그분들의 웃는 모습이 잡힐 듯이 그립다.

매리

자유를 박탈당한 개들이 철창에 갇혀있다. 철창 옆으로는 개들의 사지가 토막토막 잘린 채 사람들을 기다리고 있다.

꼬리를 흔들며 재롱을 떨던 모습은 어디로 갔을까? 살아서 사람을 즐겁게 해주고 죽어서도 사람과 떨어질 수 없는 슬픈 운명인지 사지를 사람에게 내맡겼다. 피비린내 나는 곳에는 왜 붉은색 등이 있는 것일까.

홍정으로 간간이 올려졌다 내려지는 발가벗은 개들의 사체를 바라보는 철창 속의 눈빛도 힘이 없어 보인다. 마치 방관자 같다. 얼마 후면 똑 같은 상황이 될 것을 두려워 외면하는 것일까. 이미 쇠창살의 안에 있는 것만으로도 체념의 눈빛이다. 살아있다는 것과 죽어 고기로 변했다는 차이만 있을 뿐, 체념한 눈빛이나 생명을 잃은 것은 별반 다를 게 없어 보인다. 토치램프의 흔적으로 군데군데 생긴 화상이 슬픈 두견화를 닮았다.

봄맞이 화전놀이, 두견화, 장구소리가 들리며 원색그림이 눈

앞으로 펼쳐진다. 춘삼월이다. 겨울에 먹이기 위해 준비해두었던 마른풀의 비축량이 바닥을 보일 즈음 더디게 풀이 돋았다. 무서리 맞은 무, 배추를 먹인 보람이 있었던지, 염소가 너 댓 마리의 새끼를 낳았다. 그 중에 한 마리가 내 염소가 되었다. 지난 일년 간 작은 할아버지 댁의 염소를 데려다 키운 보답으로 얻게 된 새끼는 내 재산이었다.

얼마나 기다렸던 순간이었던가. 그러나 뒤뚱거리던 걸음과 익숙하지 않았던 음매 소리와의 이별은 준비할 사이도 없이 다가왔다. 아버지의 회사가 있던 도회지로 거주지를 옮기게 되었기 때문이다. 도시로 이사를 하게 된다는 건 염소와 이별이라는 걸 알고 떼를 썼다. 함께할 대책이 없었다는 것에 대한 안타까운 마음의 표현이었다.

하나를 잃으면 다른 것을 얻게 되는 것인지 염소를 잃고 변견 황구를 얻었다. 매리 아니면 쫑이던 시절이었으니 별달리 부를 생각은 하지 못하고 매리라 불렀다. 시골과 도시의 환경은 많이 달랐다. 어리숙한 나와는 달리 도회지 아이들은 영악하였고 셈도 무척 빨랐다. 내가 갑자기 달라진 환경에 적응하기 힘들어하였을 때, 매리는 나의 친구가 되어주었다. 아침저녁으로 함께 산책을 하였으며 가끔은 이웃과의 소통에도 징검다리가 되어주었다.

날씨가 무척 맑은 어느 날이었다. 학교를 파하고 마루에 가방을 던지듯 내려놓고 허름한 창고에 있는 매리에게로 달려갔다. 인기척을 내지 않아도 먼저 알고 낑낑거리던 매리가 기척이 없었다. 무슨 일인가 싶어 집 뒤로 달려갔지만 매리도 가족들도 없었다. 불안한 마음으로 매리를 부르며 시장통 구석구석을 돌아다녀 보았지만 매리를 찾을 수 없었다.

얼마나 시간이 지났을까. 더 이상 매리를 찾아 볼 생각을 못할 정도로 지쳐 풀이 죽어 있을 때, 커다란 찜통에 혀를 아무렇게나 내민 매리가 나타났다. 불에 검게 그을려 오그라진 모습이었다. 눈이 뿌옇게 흐려지면서 금세 눈물이 뚝뚝 떨어졌다. 왜 내가 좋아하는 매리를 그랬느냐는 말을 하고 싶었지만 아무 말도 못했다. 그래서 더 슬펐다. 누구에게 책임을 물을 수도 항변할 수도 없다는 걸 알았기 때문이다.

터져 나오는 울음을 숨기려고 손을 입으로 가져갔지만 틀어막을수록 꺼억 꺼억 소리만 더 크게 났다. 매리는 이미 찜통으로 들어가서 삶아지고 있었다. 나는 어둑해져 가는 대문 밖에서 낡은 시멘트 바닥만 내려다보며 하릴없이 발길질을 하고 있었다.

매리가 뜨거운 김을 풀풀 내며 상에 올랐다. 침묵만이 모든 것을 잊거나 덮을 수 있다는 것인지 아무도 매리에 대한 이야기를 하지 않았다. 나도 어려운 형편에 영양보충을 할 수 있는 가장 현실적인 길이라는 것을 어렴풋이 알고 있었다. 어쨌거나 나도 식구들 틈바구니에서 검게 그을린 껍데기 몇 점을 먹었다. 그것이 자의였는지 야단의 결과였는지 기억이 나지 않는다.

저세상으로 간 매리에 대한 미안한 마음 때문이었을까. 아니면 믿고 따르던 친구를 사지로 보낸 마음의 짐 때문이었을까. 그 날 이후 나는 개고기에 대해서 철저한 거부 반응을 보이고 더 이상 개고기를 먹지 않는다. 몸이 아니라 마음이 먼저 거부하는 것다. 허기로 쓰러질 지경이 되어도 개고기에는 절대로 눈길을 주지 않는다. 뿐만 아니라 보신탕 혹은 영양탕이란 이름이 있는 곳에서는 어떤 요기도 하지 않는다. 그건 저 세상으로 보낸 매리에 대한 미안한 마음과 매리에 대한 최소한의 도리라는 나름의 생각에서다.

내가 싫어하니 타인도 먹지 않았으면 좋겠지만 타인에게 강요하지는 않는다. 다만, 그런 사람들과 어울려 다니지 않으려 조심할 뿐이다. 그런 나와는 반대로 아내와 아이들은 곧잘 먹는다. 그냥 먹는 것이 아니라 찾아다니면서 먹을 만큼 좋아한다. 개고기는 주로 처갓집에서 먹는다. 그런 날이면 냄새조차 맡기 싫어하는 나는 얼씬도 하지 않다가 개고기 파티가 끝나면 느지막하게 처갓집에 가곤 한다.

나의 가까운 지인들은 내가 개고기의 식용을 지독히 싫어하는 줄 이미 안다. 그래서 같이 식사를 할 때에는 내게 미리 귀띔을 해주거나 아니면 그들이 알아서 피해주는데 대체로 합리적인 메뉴로 결론이 난다.

문제는 많이 가깝지 않은 사람에게 식사대접을 받았을 때다. 간판이 큼직한 일반 대중음식점이면 가리는데 별 문제가 없다. 하지만 가정집을 개조한 음식점이거나 허름하며 간판이 분명치 않은 곳에 가면 나는 무척 예민해진다. 음식으로 고기류가 나오면 본능적으로 시각 후각을 총동원하여 정체를 파악하려 애쓴다. 명확한 정체를 알 수 없거나 조금이라도 이상하다 느껴지면 절대로 수저를 들지 않는다. 그래서 가끔 서로 무안하거나 곤란할 때가 있다.

나는 아직도 매리와의 기억을 지울 수 없고 지우고 싶지도 않다. 내 머리에서 영원히 삭제하고 싶은 것은 짙은 냄새를 풍기며 김이 풀풀 나던 그 모습이다.

철망 안에 갇힌 초점 없는 개들과 눈을 맞추기 싫어 도망치듯 골목을 빠져나온다. 바람에 역한 비린내가 묻어있다. 검게 그을려진 또 다른 매리가 홍등 아래 누워있다.

사람

김추자

가을

애창곡

오래된 약속

간고등어

유행가

얼굴

아름다운 사람

꿩

책갈피

오래되어 좋은 것

김추자

그 시절 가장 신나고 가장 화려한 음악을 꼽으라면 당연히 김추자의 노래였다. 그녀는 가수 김추자가 아니라 보탤 것 없이 그냥 김추자였다. 굳이 가수라고 설명하지 않아도 누구나 아는 사람이었다. 우울함이 일상처럼 내려 앉아 미래도 희망도 보이지 않던 때에 가장 밝고 빛나는 위치의 무대 위에서 흥을 돋우던 그녀였다. 담배는 청자, 노래는 추자라 회자될 만큼 그녀의 이름은 가히 성역에 가까웠다.

'월남에서 돌아온 김상사'와 '거짓말이야'를 부르던 그녀를 기억한다. '님은 먼 곳에'와 '늦기 전에' 부를 땐 온 몸에 남아있는 오욕의 찌꺼기를 털어내 듯 시원했다. 대장장이가 끝없는 망치질로 쇠에 붙은 불순물을 걸러내고 털어내듯 마음의 찌꺼기들을 말끔히 불식시켜 주었다.

'석양'이라는 잔잔한 노래를 부를 때는 우리 모두의 애잔이었고 먼 기억속의 하나를 찾아낸 비가였다. 허식과 의식의 치장 같은 모든 겉포장은 벗겨내고 녹여내어 정화수를 놓고 손을 모으는 신성함과 신선함이었다. 쭉정이를 버리고 알맹이를 골라내는 능력이었고 그녀만의 해법을 노래로 풀어내 심금을 울렸다.

그녀는 흔들리는 섬이었다. 섬으로 밀려드는 파도처럼 세상의 모든 슬픔을 모아 몸속에 집어넣고 흔들어 소리를 내는 사람 같았다. 파도도 흔들리고 그녀도 흔들려 외로움에 지치고 가슴에 맺힌 슬픔과 해묵은 울분과 한을 삭여주었다. 그녀의 목소리를 통하면 신성이 생겨나듯 승화되었고 산화되었다.

그녀는 대장장이였다. 화염 속에 쇠붙이를 넣어 달구고 쉬지 않고 두드려 소리로 승화시킬 줄 알았다. 불순물을 모두 걸러내는 대장장이의 망치질처럼 슬픔도 기쁨도 노래로 녹여 낼 줄 아는 사람이다. 어떠한 감정의 깊은 골도 그녀를 통하면 봄에 눈이 녹듯 녹아 사멸해버리고 만다. 가슴에 깊이 박힌 풀길 없는 한을 녹여 열락의 카타르시스로 변화시킬 수 있는 유일한 사람이 그녀였다.

그녀는 온 몸으로 감정을 표현하는 데 두려움이 없다. 리듬에 맡기고 몸으로 감정을 부추기고 삭여 목소리로 표현할 줄 안다. 슬픈 노래를 부를 때도 굼실거리는 몸짓은 멈추지 않는다. 그녀에게 몸과 소리는 일심동체다. 소리를 내려면 몸을 움직여야 하고 세포 하나까지 리듬에 맡겨야 노래가 나오는 사람이다.

그녀의 몸짓은 슬픈 노래에도 가감이 없다. 그녀는 불세출의 대형가수다. 노래를 할 때는 모든 것을 불구덩이 속에 던져 활활 타게 할 줄 아는 사람이다. 이목에 관심을 두기보다는 노래하는 순간에 그녀의 모든 것을 쏟는다. 그녀에게 율동과 노래가 둘이 될 수 없듯 흥과 한을 동시에 가진 드문 가수지만 온 몸을 던져 노래 부르는 일은 그녀만의 기질이고 특별한 이유다. 그 노래가 한이 되었더라도 온 몸으로 부딪치고 불살라 풀어낸다.

그녀의 목소리에는 불가사의한 힘이 있다. 슬픔과 한에도 폭발하는 가창력처럼 탈피의 묘한 긴장감이 있다. 그녀가 부르는 소리는 가슴 저 밑에서 나는 대지의 소리인 동시에 오욕칠정의 거친 감정을 풀어내는 소리다. 보이지는 않지만 울림으로 알고 느낌으로 알 수 있는 원시본능의 소리를 낸다.

그녀는 요란한 춤꾼이다. 그러나 슬픈 춤꾼이다. 한을 풀어내는 춤꾼이기 때문이다. 그녀는 슬픔을 표현하고 한을 꼬집어 내어 산산히 흩어지게 할 줄 안다.

그녀는 화산의 분신이다. 풍성하고 감칠맛이 나지만 그녀의 소리에선 늘 터질 것 같은 화산이 숨어있다. 온 몸으로 만드는 굵은 리듬, 꿈틀꿈틀거리는 소리의 화산이다. 서양식 춤 속에 묘하게 우리네 리듬을 숨길 줄도 안다. 굼실굼실 거리는 몸짓에는 흥과 동시에 한도 숨어있다. 마냥 슬프고 외롭고 비통한 비가를 부르는 여느 가수와 같지 않다. 슬픔이 찬란하게 승화되는 열정의 카타르시스가 있다. 그녀의 노래는 슬픔과 한 그리고 뜨거운 열락이 있고 그 기운을 리듬과 몸짓으로 풀어낸다.

그녀의 노래는 경쾌하고 흥겹다. 팽팽한 긴장감이 숨어있는 신명이다. 서서히 올라가는 절정이 아니다. 노래에는 팽팽한 긴장이 인다. 폭발할 듯 고음의 영역에서만 생기는 긴장이 아니다. 낮은 저음에서도 몸을 저리게 하는 긴장을 만든다. 언제 터질지 모르는 활화산을 닮았다. 그래서 그녀는 용광로 같은 가수다. 열정을 녹일 줄 알고 인생의 한을 녹인 그 열로 폭발적인 흥과 신명을 만드는 주술사와 같다.

그녀의 슬픔에는 표정이 있다. 적어도 그녀의 노래에서는 그렇다. 그립고 그리운 님을 떠나보내는 아픔, 울고 매달리기 보다는 큰 틀에서 포기하고 굽어 볼 줄 아는 표정이다.

그녀는 성녀聲女고 사람의 마음을 다독일 줄 아는 성녀聖女다.

가을

가을이면 눈물이 난다. 가을 빛살너머로 오래된 기억들이 언덕배기를 넘어 스멀스멀 가슴을 파고들기 때문이다. 미물인 여우도 죽을 때는 머리를 고향으로 향한다는데 오래 고향을 떠나 타지에 살고 있는 사람에게는 이때쯤이면 몸과 마음이 태어나 자란 곳으로 향하는 게 유난한 일도 아니다.

가을이면 유난히 고향생각이 잦다. 과육을 익게 하는 알찬 볕들이 들판을 비추면 황금색 벼들은 물결처럼 흔들거린다. 바람에 몸을 맡겨 이리저리 흔들리는 벼 포기에 놀란 메뚜기들이 사방으로 튄다.

마당미기 열 두락 다락 논은 해마다 풍년이었다. 산골짜기에 위치한 땅이라 거름이 충분해 해마다 차지고 기름진 알곡을 쏟아냈다. 어른들의 벼 베기 낫질이 사각사각 경쾌한 소리를 내면 메뚜기들이 본능적으로 반대편으로 뛴다. 우리는 진흙 논에 빠지지 않게 조심하며 반대쪽으로 달려가 벼 포기에서 포기 사이로 뛰는 메뚜기를 잡아 풀에 꿰거나 빈 병에 넣었다. 추수 때 메뚜기는 살이 통통하게 올라 간식거리로 최상의 음식이다. 방아깨비도 구워 먹지만 맛에서 메뚜기의 상대가 되지 못했다.

벼 베기 중간 중간에 참을 먹을 때면, 두 되짜리 주전자로 막걸리 심부름을 했다. 거무튀튀하고 탄력 좋은 우리밀로 만든 국수를 한 그릇 비우고 개울로 내려가 버들치와 가재를 잡는 재미가 쏠쏠했다.

하늘빛이 곱게 물든 저녁이면 검둥이 할매가 생각난다. 개울가 초가집에 살던 할머니는 언제나 얼굴을 부스스하게 하고 다녔다. 그리고 얼굴에는 숯검정 같은 것이 칠해져있어 검댕이 할머니라고 불렀다.

마을에서 좀 떨어진 외진 산속에 이채라는 아이가 살고 있었다. 동급생보다 키가 크고 달리기를 잘 했으며 덧니를 가진 아이였다. 그 아이 집에서 더 올라가면 외진 산속 숯방골이 나온다. 그곳은 호랑이가 나온다는 소문이 있었는데, 장에 간 부모님을 기다리던 여자 아이가 신발만 남겨놓고 사라져 버렸다. 그래서 호환을 당했다고 말들이 많았다.

재 너머와 읍내 소식에 목말라 하던 우리에게 폭포의 절에 우리보다 한두 살 많은 기수라는 아이가 이사 왔다. 대처승의 아들이었는데 도회지 소식에 목말라 하던 우리들에게 꿈같은 이야기를 많이 전해 주었다. 그 무렵 우리 마을에 사는 청년이 트럭의 조수로 취직했는데 하루는 일이 있어서 마을을 거쳐 지나가게 되었다. 차가 귀하던 시절이라 조수자리도 만만찮은 일이었는데, 운전기사가 마시다 준 귀한 사이다를 병째로 마시며 호기를 부리던 기억이 새롭다. 곁에서 꼴깍꼴깍 침을 삼켰음은 물론이다.

마을 뒤 경사진 언덕길에 차들이 다니기 시작하면서 언덕을 오르다 차가 뒤집히는 일이 가끔 있었다. 그럴 때면 마을 사람들이 참바(굵은 줄)를 들고 모여서 뒤집힌 차들을 세워주곤 했다. 바퀴가 세 개인 차들이 주로 그랬는데 뒤뚱거리며 아슬아슬하게 커브를 돌던 모습이 어제 일처럼 선명하다.

양은 도시락의 가장 자리에 반찬을 넣는 곳이 있었다. 소풍이면 거의가 고추장에 버무린 멸치가 반찬이었다. 고구마 네댓 개를 도시락 위에 올리고 책보를 둘둘 말아 등과 어깨에 사선으로 묶고 다녔다. 목적지에 도착하면 고구마는 어김없이 뭉개져 있었다. 어차피 소풍에서 고구마 따위가 눈에 들어올 리 없어 못 먹고 버리게 되어도 개의치 않았다.

가을 소풍은 신흥사라는 천년 고찰이 단골장소였다. 주위의 경치도 좋거니와 마땅히 갈 곳도 없었으므로 해마다 그곳으로 갔다. 그러나 우리는 저학년이라 중간쯤에 있는 동남사란 절까지만 갔다. 동해 바다와 마을이 한눈에 보이는 곳이라 그래도 좋았다.

절에는 작은 연못이 있었는데, 연을 비롯한 수생식물들이 가을 햇빛을 받아 아주 평화롭게 반짝거렸다. 마당에는 유독 꽃들이 많았다. 가을이면 과꽃, 봉숭아, 맨드라미, 코스모스 등이 피어 있었다. 내 기억에는 동남사의 모습이 오롯이 고향의 가을풍경으로 남아 있다.

해가 뉘엿뉘엿할 때면 병 속에 메뚜기는 거의 죽고 몇 마리만 살아남는다. 그래도 살아볼 거라고 뛰기를 멈추지 않았다. 막걸리를 담았던 주전자에는 버들치와 가재 그리고 통통히 살이 오른 노란 미꾸라지가 들어있었다. 누렇게 익은 벼는 단으로 묶여 지게 위에 산 높이처럼 올려져서 지게를 진 사람이 걸음을 걸을 때마다 출렁거렸다.

숲에서 이따금 들려오는 구구하는 멧비둘기 소리를 들으며 지게 짐을 앞세우고 어둠이 깔리는 길을 따라 내려왔다. 새소리 같기도 하고 짐승소리 같기도 한 슬픈 그 소리가 멧비둘기의 소리라는 것을 안 것은 훨씬 뒤였다. 따가운 햇살에 가을은 깊어 가고 있었다.

해마다 추석을 앞두고 벌초를 하러 선산에 간다. 올해는 태풍의 영향으로 비가 억수같이 쏟아졌다. 벌초를 하다가 허리를 펴고 하늘을 올려다보았을 때 멧비둘기의 슬픈 울음 소리가 들렸다. 가을인가 보다.

애창곡

애창곡은 두말할 것도 없이 자신이 특별히 즐겨 부르는 노래거나 잘 부를 수 있는 노래를 말한다.

평소 즐겨 부르는 노래라 할지라도 자리나 분위기에 따라 부를 수 없는 노래가 있다. 크게는 금지곡이거나 작게는 모임의 분위기와 구성원들의 애창곡이거나 다른 사람이 이미 선창을 했을 경우다. 그럴 때는 자기가 아무리 꽁꽁 숨겨둔 비장의 카드라 할지라도 참아주는 게 옳다.

나도 애창곡이라 할 수 있는 노래가 몇 곡 있다. 그런데 그 중 한 곡은 문인들이 모이는 곳에서는 부를 수 없는 금지곡이다. 왜냐하면 어떤 사람을 추억하면서 마지막을 장식하는 합창이 될 때가 많은 까닭이다.

처음 그 노래를 접하게 된 것은 지인이 근무하는 방송국 스튜디오에서다. 방송진행자인 그는 그 노래가 발표되어 나오자마자 자신의 애창곡으로 불렀다. 목청이 유난히 큰 그는 사석에서도 그 노래를 불러 그 사람의 애창곡이 되었다. 노랫말이 좋아 흥얼거리다 보니 방송국 지인이 없는 곳에서는 어느새 나의 애창곡이 되어 있었다.

꽤 많은 시간이 지나 그 노래가 대중들에게 친숙하게 다가갈 즈음 어느 날부터 H씨의 애창곡이 되었다. 술을 좋아하던 그 사람은 대학가로 나오는 날이면 늦게 퇴근하는 나를 불러냈다. 술 한 잔도 못 마시는 고리타분한 나를 무슨 이유로 그랬는지 모르지만 어쨌든 같은 동네에 사는 M씨와 함께 세 사람이 주로 늦은 밤에 모였다.

달변인 그는 수필과 문학 그리고 문인들의 이야기를 맛깔나게 풀어 놓았고 나와 M씨는 거의 듣는 쪽이었다. 그는 활발한 성격처럼 글 쓰는 사람들의 숨겨진 이야기를 많이 알고 있었다. 문단이나 글 쓰는 사람들과의 왕래가 거의 없었던 그때 나에게 H씨는 문단 사람들의 이모저모를 알려주는 소식통이었다.

통상적으로 남녀를 불문하고 사석에서 술자리를 함께하면 빠르게는 수분 안에, 드문드문 만난다 해도 몇 개월 안에는 거의 서열이 정해진다. 그래서 자연스럽게 호칭이 정리되어 형 아우 혹은 누나 오빠 따위로 부른다. 보통의 경우는 선생님이나 작가란 호칭을 쓰지만 사석의 술자리가 잦으면 누가 뭐라고 하지 않아도 자연스럽게 좀 더 친숙한 호칭으로 부르게 되는 일이 인지상정일 것이다.

내 기억으로는 그가 나보다 두서너 살 위였는데 나는 그에게 형이라 부르지도 않았고 그럴 생각도 없었다. 그의 시각으로 보면 많이 서운했을지도 모르겠지만 나에겐 당연한 일이었다. 나는 나이를 불문하고 모든 성인에게 경어를 쓰는 편이다. 형이란 말은 친척을 제외한 타인에게 쓰지 않는다.

그는 술자리를 즐겨했고 화장실에 간다는 핑계를 대며 한발 먼저 술값을 계산했다. 그래서 술값은 언제나 그의 몫이었는데 눈치를 채고 계산대로 따라 가기라도 하면 표정도 단호하게 선을 그었다. '나는 자식도 없고 연금도 많이 나오니 형편이 낫다' 며 절대로 양보할 수 없는 일이란 사실을 주지시켰다. 마치 그렇게 하지 않으면 큰일이라도 일어나는 것처럼 말했다. 간혹 나와 M씨 중에 한 사람이 공모전에서 상금을 타거나 그에 준하는 경사스런 일이 있으면 제발, 이번에는 술값을 낼 수 있는 기회를 달라고 사정했다. 그러면 그는 특유의 눈빛으로 겨우 듣는 척 하다가 이유가 타당하다 싶으면 선심을 쓰듯 허락을 하곤 했다.

그를 알고 오년 쯤 되었을까. 소주로 혈색이 불콰해진 그에게서 매번 술값을 먼저 내는 이유를 들을 수 있었다. 너나없이 가난하였던 때에 태어난 그는 어른이 되어 돈을 많이 벌면 먹는 것만큼은 대상을 가리지 않고 계산하기로 마음먹었다고 했다. 배고팠던 때의 다짐을 마치 경건한 의식을 치르듯 지켜온 이유였다. 그러나 그는 그 다짐을 다 지키지는 못했다. 사람이 좋아 거의 모든 사람과 술친구로 친밀하게 지냈지만 그만의 고집이 있어서 인간적으로 경멸하는 사람에게는 추호의 용서도 하지 않고 곁을 주지 않았다.

그와의 인연이 오래 이어지자 가끔 술자리에서 '형님 말 들으라'는 따위의 농도 오갔다. 여전히 우리는 가까우면서도 경어를 썼다. 그는 거의 매일 술을 마셨고 유쾌했다. 특유의 친화력과 사람 좋은 웃음, 그리고 해박한 지식으로 늘 대화로 이끄는 사람이었다. 부산 문인들 중에 그의 술자리에 초대받지 못했다면 모르는 사람이거나 밉보였거나 인간적으로 문제가 있는 사람이라고 할 정도였다.

심한 당뇨병을 앓던 그는 약을 먹지도 않고 늘 술을 마셨다. 그게 단초가 되어 젊은 나이에 사람 좋은 웃음을 남기고 갑자기 떠났다. 젊은 나이니 그 정도로는 문제가 될 것도 없을 것 같았다. 당뇨합병증으로 휠체어에 몸을 의지했어도 며칠만 지나면 자리를 박차고 일어날 줄 알았다. 퇴원을 며칠 앞두고 그는 우리 곁을 떠나갔다. M씨가 전화로 부음을 알렸을 때 나는 농담 잘하는 그와 M씨가 장난으로 그러는 것이라는 생각이 들 정도였다.

그는 무수한 언어를 사장시키며 하늘나라로 갔다. 두 손으로 우리의 마음처럼 무거웠던 그의 뼛가루를 뿌리던 그날도 우리는 그 노래를 불렀다. 맛깔나게 노래 부르던 그 모습을 기억한다. 그가 없는 자리에서 모란동백은 모두가 합창하는 애창곡이 되었다.

그는 가고 없다. 추억이라는 이름으로 그는 우리의 노래 모란동백이 되었다.

세상은 바람 불고 고달파도 ... 나를 잊지 말-아-요. ♪♬

오래된 약속

새로운 일은 늘 생경해서 편안한 것과는 거리가 멀다. 그래서 새롭게 시작하는 일은 익숙하기 어려운 모양이다.

형님으로부터 고향의 집터를 팔아야겠다는 말을 듣고는 생각이 많아졌다. 형님 몫이니 서운하더라도 어쩔 수 없다 생각하고 넘어가야하는 것이 옳은 일인지, 아니면 부모님의 뜻으로 그걸 형님에게 상속해주었다고 마음대로 팔아서는 안 된다고 해야 하는 지 말이다.

장남으로 태어나 부모로부터 유산으로 집터를 물려받았다 하더라도 그건 마음대로 쉽게 팔 수 있는 일이 아닐 것이다. 부모님이 그것을 장남에게 물려줄 때는 부모님을 대신하여 그 터를 지키고 소중히 하라는 마음이 담겨 있다고 생각하기 때문이다.

그러나 나의 바람과 다르게 집터와 문전옥답이 이웃에게 팔려 타지에 있는 시골 폐교를 사는 데 보태졌다. 집터를 팔아 쓰겠다는 것이 아니라 그것으로 더 큰 토지를 마련하겠다는 것이었기 때문에 가능한 일이었다.

수구초심, 여우도 죽을 때는 머리를 고향으로 향한다고 하지 않던가. 내가 태어나고 자란 터를 남의 손으로 넘기는 일은 마지막에나 선택해야 할 일이라 생각했다. 비록 고향을 등지고 타지에서 살고 있지만 고향의 집터를 생각하면 마음이 든든했다.

그런데 그 터를 팔아 고향도 아닌 곳에 거처를 마련한다고 하니 놀람과 함께 마음에 이는 파장은 컸다. 이미 고향을 떠난 지 30년도 넘었지만 가슴 저 깊이 꼭꼭 숨겨진 끈마저 잃는다는 생각이 들었기 때문이다.

폐교 수리에 들어갔다. 세월의 더께로 반쯤 무너진 오래된 담벼락을 새로 쌓다가 돌 틈에서 퍼렇게 녹이 쓴 숟가락 하나를 주웠다. 방짜 놋숟가락은 군데군데 산화한 자국을 천형처럼 안고 있었고, 얇을 대로 얇아진 것이었다. 보는 순간 손때가 묻은 것을 단박에 알 수 있었다. 어떤 사연을 간직하고 여기까지 왔을까. 담과 담 사이 군데군데 나 있는 풀들과 이끼를 바라보았다. 세월의 무게가 온몸으로 느껴졌다.

바다와 오리에 상거한 그곳에는 돌아가신 아버지도 그랬고 할아버지의 그 할아버지가 태어난 곳이다. 증조부는 한학을 하시며 전국으로 스승을 찾아다니며 수학하셨다. 젊었을 때에는 청운의 꿈을 품기도 했으나 말년에는 제자를 양성하는 데에 주력하였다. 유산으로 남겨진 방대한 서책과 고종황제의 어인이 찍힌 첩지를 물려준 것을 보면 한학이나 벼슬에 대한 허황된 바람만 있었던 것은 아닐 듯하다.

증조부께서는 전국을 다니셨지만 정작 자식을 훈육하는 일은 소홀히 하셨다. 말년에는 네 분의 할아버지들에게 유산을 남겨주지 못한 한으로 서당을 팔아 종자돈을 마련해 주기로 하셨다. 휘영청 밝은 달이 창호지를 타고 흐르던 밤, 증조할아버지께서 서당 기둥을 어루만지며 울고 계셨다. 평생 학문에 힘썼고 이제 자신의 분신과도 같은 서당이 날이 밝으면 남의 손으로 넘어가는 것에 대한 회한이었다. 티끌 하나 없는 만월, 깊은 밤의 소소한 바람에도 뒤뜰 대밭은 서걱서걱 마른 소리를 냈다.

잠 못 들기는 할아버지도 마찬가지였다. 깊은 밤, 창호지에 비친 달빛을 쫓아 뒤란을 돌던 할아버지는 증조할아버지의 흐느끼는 소리를 듣고 발길을 멈췄다. 부자는 기둥모서리를 사이에 두고 서로 소리를 죽이며 마주했다.

학문을 위해 평생을 매진했지만 정작 자식에게는 학문도 물려주지 못했고 자족할 재산을 물려주지 못하는 것에 대한 연민이었다. 할아버지는 가세가 기운 집안의 둘째로 태어나 장남이 되어야 했다. 당신에게는 모든 것이나 다름없는 서당을 남의 손으로 넘겨야하는 처지가 원망스러웠다. 할아버지는 훗날 서당보다 몇 배 더 큰 집을 꼭 지어드리겠다는 다짐하고 마음으로 약속하는 밤이었다.

할아버지의 종자돈은 새끼를 잘 쳐서 사방 몇 십리 부근에서 가장 큰 집을 지어 드리는 것으로 약속을 지키셨다. 그리고 또 수십년의 세월이 흐른 뒤 선친은 그집의 재목을 팔아서 부산으로 이주를 했다. 그리고 또 삼십여 년의 세월이 흘렀다.

할아버지가 그랬고 할아버지의 아버지가 그랬던 것처럼 남겨주신

땅들을 씨앗으로 또 다른 약속이 잉태되고 있다. 사방이 산으로 막혀 있는 낯선 땅에서 시작된 공사는 겨울이 되어서야 겨우 끝이 났다. 이제 또 다른 약속이 시작되는 것이다.

따지고 보면 사람의 역사는 반복인 모양이다. 생사소멸, 흥망성쇠의 반복이 결국 윤회가 된다 싶다. 낯선 터, 무너진 폐교의 돌담에 숨겨져 있던 푸른 녹이 핀 숟가락 같은 사연을 안고 말이다.

세월이나 시간이 만드는 조화는 낡고 닳고 무너지는 것만은 아닌 모양이다. 낡고 오래된 것을 정화시키고 자연으로 돌려보내 새로운 생명을 만드는 작업을 하고 있으니 말이다. 세월은 자연이고 자연은 원래의 상태로 되돌아 가는 것이지, 결코 녹슬게 하고 허물어뜨리는 것만이 아닌 셈이다.

간고등어

내 고향은 만리성이 눈앞에 올려다 보이는 시골이다. 후백제 견훤이 월성을 함락하고 서라벌로 내달아 경애왕을 죽였다는 역사의 현장이라고 들었지만 사실인지 명확하지는 않다. 바다와도 오리 남짓 인접해 있어서 육지와 바다의 생산물을 고루 접할 수 있는 곳이어서 생선을 비롯한 해산물에 대한 기억이 많다.

근거리에 어촌과 농촌이 함께 있었지만 생활은 많이 달랐다. 내지 쪽의 산촌은 논농사와 밭농사가 주업인 전형적인 농촌이었다. 바다 쪽 사람들은 텃밭 이외의 농사일은 잘 모르고 작은 배로 고기를 잡고 살았다. 지척의 거리에도 사는 방식이 사뭇 달랐다. 같은 것이 있다면 특별히 수입이 될 만한 작물이 없는 산촌과 작은 배로 고기를 잡아 생활하는 그들이나 고만고만한 생활을 했다는 것이다.

바닷가 사람들은 일찍 상업에 눈을 떠 새로운 것을 받아들이는 속도가 빨랐다. 새롭고 신기한 물건들은 항상 그들이 먼저 전파했다. 상업적인 성향이 강한 사람들이라 현실적이었으며 실리적인 면을 많이 추구했다. 큰 부자는 농토를 많이 가진 산촌사람이어도 비교적 농촌에 비해 여유 있는 생활을 했다.

거기에 비해 산촌 사람들은 보수적인 색채가 강해서 케케묵은 공맹이 세상의 모두인 것처럼 받들었고, 바닷가 사람들을 예의와 근본도 모르는 사람들이라며 경원시했다. 따지고 보면 생활환경의 차이에서 오는 다름이었다. 예의와 격식을 차릴 줄 안다는 것과 모른다는 것은 당시의 상황으로 보아 반상의 인식만큼 컸던 모양이다.

산촌은 골짝 골짝마다 논들이 많아 자급자족의 형태를 띠었다. 지금의 기준으로 본다면 부족한 것 투성이겠지만 주식인 쌀이 부족하지 않아 그런대로 지낼 만한 형편은 되었다.

물자의 유통은 원시적이고 수동적인 형태를 벗어나지 못해 물물교환의 단계를 간신히 넘어서고 있었다. 산지와 소비자와의 배분이 원활하지 못하여 해산물은 바다의 사정에 따라 매번 가격을 달리했다. 풍어가 들면 상위에 오르는 생선이 다양해졌으며, 풍랑이 일고 기상이 악화되면 말린 해산물로 만족해야했다. 많이 잡히면 싸고, 적게 잡히면 비싸서 못 먹는 형편이어서 안정적인 시장형성은 꿈같은 이야기였다. 따라서 비싼 어종과 흔한 어종 구분이 없이 기상상황과 잡히는 결과에 따라 가격이 형성되고 거래가 이루어졌다. 가격 좋은 고급어종의 생물을 잡아도 임자를 만나지 못하면 횟감용 대신 말려지는 일이 다반사였다.

산촌은 변화가 더딘 곳이었다. 바닷가의 상황이 직접적인 영향을 끼치지도 않아 그것과는 무관한 듯 살았다. 바닷가의 풍년은 생고기를 값싸게 먹을 기회였다. 흉년이 든다 해도 말린 고기나 소금에 절인 고기를 먹을 수 있었다. 귀하긴 해도 소나 돼지 닭을 먹을 수 있어 어촌의 상황에 그리 민감하지 않았다.

소비를 예측해서 비축을 한다는 생각조차 못했던 시기여서 수요니 공급이니 하는 단어들은 생경하기 이를 데 없었다. 전기가 들어오지도 않으니 냉장고는 구경조차 할 수 없었고 저장 및 가공시설도 재래식을 제외하고는 거의 전무했다. 여름철에는 갯가에 고기가 쌓여 썩는 냄새가 해변에 진동해도 저장과 운반이라는 문제로 내륙 깊은 곳은 직접적인 영향을 받지 않았다.

자연방식을 벗어나지 못한 저장은 고깃배가 들어오고 반나절만 지나도 물간 생선이 태반이나 되었다. 통상적인 비축 방법이 염장법이었다. 적당한 소금간은 맛과 신선도를 유지시킨다고 하지만 부패를 방지하기 위해 소금을 치니 그 양이 엄청났다. 자반고기는 저장기간도 길어서 내륙으로의 이동이 용이해 깊은 산골에서도 생선 맛을 볼 수 있었다. 바다와 거리가 멀수록 그에 비례해서 소금을 더 많이 뿌릴 수밖에 없지만 말이다.

밥을 하고 남은 불을 헤집어 재가 날리도록 입으로 불어 고기 석쇠는 자리를 잡았다. 고기는 익으면서 지글지글 소리를 냈고 기름띠를 만들며 사방으로 냄새를 풍겼다. 밥때만을 기다리던 아이들은 부엌 주위를 기웃거리며 코를 벌름거렸다. 결 곱게 찢어지는 꽁치라도 상에 올라오면 숟가락질에 바빴다.

먹고 남은 생선은 소금으로 무지하게 간을 한 다음에 처마 밑에 매달았다. 하루 이틀이면 바람에 꾸들꾸들 말려져 무청이나 배추 시래기와 함께 김이 풀풀 나는 졸임이 되거나 비상시 요긴한 밑반찬이 되었다. 아가미에서 구더기가 스물스물 기어 나와도 대수롭지 않다는 듯이 짚이나 솔가지로 툴툴 털어내곤 했다.

생고기는 신선하고 담백한 맛을 내지만 소금 간을 한 고기는 감칠맛을 만들어낸다. 염장으로 적당히 발효가 되면 생고기에서는 도저히 맛볼 수 없는 곰삭은 맛이 났다. 지금이라면 성인병의 주범이라며 펄쩍 뛸 자반 고기들이 선택의 여지없이 상 위에 올랐다. 맛을 염두에 둔 간이 아니어서 소금단지에 묻어 놓은 것처럼 쓴 맛이 나도 그 맛을 한 번 보면 잊지 못한다. 30여 년이 지났어도 그 맛이 기억에 남아 있는 것을 보면 말이다.

철따라 신선한 고기들이 조석으로 상위에 오르는 참 좋은 세상이다. 양이나 질, 어느 것을 따져도 어릴 때와는 비교하기조차 힘든데, 짭쪼롬한 자반고등어가 생각나는 것을 왜일까. 나도 지난 날을 그리워하며 사는 나이가 되었기 때문이 아닐까 싶다.

오늘 저녁에는 따뜻한 쌀밥 위에 자반고등어를 올려 그 맛에 취해보고 싶다.

유행가

70년대 이전의 오래된 노래를 들으면서 별 거부감을 느끼지 않는 나를 보면 이제 나이가 들었구나 싶다. 7080세대의 노래라 할 수 있는 가수들의 노래뿐만 아니다. 아버지 세대가 막걸리나 소주를 한잔하면 걸쭉하게 뽑아대던 젓가락 장단이 어울리는 노래에도 거부감이 없다. 나이가 들면 우리 노래는 결국 트로트나 육자배기로 갈 수밖에 없다던 방송국 지인의 이야기가 생각난다.

내가 어렸을 때에는 라디오 시대였다. 온 가족이 모여 함께 듣는 라디오는 신기한 마술상자였다. 산골에는 밤도 빨리 왔지만 인적도 빨리 끊겼다. 호롱불이나 남포등이 하나 둘 켜지면 등잔 밑에 모여 라디오 연속극과 구성지게 흘러나오는 옛 노래를 들으며 하루를 마감했다.

라디오는 아무나 만질 수 없었다. 함부로 만지면 고장 난다며 불벼락이 떨어졌다. 어쩌다 채널이나 볼륨을 슬쩍슬쩍 만져 보는 정도가 다였다. 전파 사정이 별로 좋지 않았다. 주위는 온통 산으로 둘러싸여 있어서 잡음이 늘 따라 다녔다. 조금이라도 수신을 좋게 하기 위해서 라디오는 방안 높은 곳에 고정되었고 안테나는 끝까지 뽑혀 천장에 닿을 듯 했다.

밤에 듣는 노래는 슬프고 아름다웠다. 눈물을 흘리면서 들어도 좋다고 웃을 수 있는 그런 노래였다. 아나운서의 목소리는 또 얼마나 사람의 마음을 사로잡던지. 그러다 부산으로 이주하고 나서부터는 대낮처럼 밝은 곳에서 듣는 라디오는 슬프지도 애절하지도 않았다.

방학이 되어 고향에 가면 문방구에서 산 조립형 소형 트랜지스터를 가지고 다녔다. 하루가 다르게 텔레비전이 보급되면서 상대적으로 라디오는 싸졌기에 가능한 일이었다.

겨울 방학을 맞아 지게를 지고 겨울 산을 오를 때면 바람이 아무리 차도 라디오에 귀 기울이면 추운 줄도 몰랐다. 잔설이 드문드문 있는 산길을 걸을 때면 라디오에서 흘러나오는 노래를 목청껏 따라 불렀다.

우리에게 많이 불리던 노래는 슬프고 애잔한 가락이었다. 어른들은 비탄, 아쉬움과 허무에 대한 노래를 불렀다. 우리는 뜻도 모를 이별이나 사랑조의 노래를 따라 불렀다. 돌이켜 보면 아이에게 '백마강'이나 '동숙의 노래', '오동추 타령'이 어울리기나 하느냐 말이다.

그때나 지금이나 아이들이 어울리지 않게 구성진 노래를 부르면 시선이 따르게 되는 모양이다. 어른들은 참새 주둥이처럼 여린 아이들의 입에서 불리는 노래보다도 하는 짓이 귀여워서 잘한다

잘한다 부추겼다.

사춘기가 되면서 라디오를 품에 안고 살았다. 주로 팝송을 들었는데 가사의 의미도 모르면서 외국과 이국 사람들에 대한 막연한 동경이 있었다. 모든 것이 부정적이 되고 어느 곳으로 튀게 될지도 모르는 것이 그때 아니던가. 희망을 이야기하기보다는 절망과 비탄을 이야기했고, 희망보다는 절망이 더 가까이 있다는 암울한 현실이 나를 주눅 들게 했다.

막연한 동경이 젊은 사람들을 더욱 부추겼는지도 모르겠다. 근거도 없이 우리 것은 열등하고 외국 것은 다 좋다는 착각을 하게 만들었다. 그것도 그럴 것이 우리 것은 하나의 나라 것일 뿐이지만 좋은 문물을 가진 외국은 엄청 많았으니 그렇게 보일만도 했다. 노래도 우리 것은 못 배운 사람들이 부르는 것처럼 여겨졌다. 팝송이나 샹송을 부르면 인텔리처럼 보였고 폼이 났다. 서양 것은 좋은 것이고 우리 것은 낡고 꾀죄죄하여 개화가 덜된 물건처럼 값이 매겨졌다.

그 영향이 오랫동안 남아있었을까. 30대까지 내가 듣거나 부르던 노래는 60년대 70년대 우리나라의 포크송과 외국의 팝 깐소네 샹송이었다. 그러다 40대 중반이 넘어 그 옛날 아버지와 어머니가 부르던 유행가의 애잔하고 슬픈 가락에 관심을 가지게 되었다.

내가 가장 싫어하는 노래나 가락은 관광버스에서 흔히 듣는 즉흥적이고 속물적인 가사의 노래다. 아싸! 하는 추임새가 자주 나오는 노래로 일본식의 분위도 싫거니와 인간을 모조리 저급한 속성으로 모는 것 같아서 싫어한다. 시대상황을 반영한 노래를 유행가라고 부른다. 유행가의 가사나 음률이 가곡이나 오페라를 따라 갈 필요는 없겠지만 어느 정도 걸러진 가사와 내용이면 좋겠다.

요즘은 시처럼 아름다운 가사도 종종 눈에 띄지만 말초신경을 자극하는 낯 뜨거운 가사가 아직도 많은 것 같다. 트로트는 저급하거나 신파조의 가사가 되어야 한다는 착각에서 하루빨리 벗어나야 한다. 나는 저급한 가사가 사람의 마음을 솔직하게 표현한다거나 친근하게 다가온다는 말을 믿지 않는다. 오히려 그런 가사가 사람의 마음을 저급하게 만든다고 믿고 있다. 사람의 마음을 움직이는 솔직한 표현은 결코 조급하고 저급한 것이 아니며 통속적이 되어야만 트로트가 된다는 말에는 조금도 동의할 수 없다.

모든 노래가 고상하고 멋져야 할 이유가 없듯이 모두가 고상하고 멋진 노래를 좋아해야 하는 법도 없다. 아울러 폼나는 노래를 불러야하는 이유도 제약도 없다. 그러나 남에게 부끄러울 가사와 멜로디는 가려서 듣는 정도는 되어야 하지 않을까 싶다.

얼굴

사람을 볼 때 제일 먼저 시선이 닿는 곳이 얼굴이다. 따라서 얼굴은 개인의 의지와 상관없이 상대에게 어떤 식으로라도 영향을 준다. 내가 혹은 상대가 호의를 가지고 대하든 아니든 그것과는 별개로 영향을 끼치게 된다는 것이다. 특히 첫인상은 첫사랑의 기억처럼 강렬하지 않더라도 그 사람을 기억하는 한 늘 따라 다니는 인식표 같은 작용을 한다고 해도 무방할 것이다.

인상 혹은 얼굴이 누구에게나 공정하게 작용한다면 별 탈이 없다. 문제는 인상이 좋은 사람과 아닌 사람의 차이가 엄연히 존재하므로 발생한다. 존재와 부재의 차이처럼 이왕이면 다홍치마란 말이 있는 것처럼 미추美醜는 상당한 차이를 만들어 낸다. '보기 좋은 떡이 먹기 좋다'는 속담이 있는 것을 보면 오감 중에서도 가장 먼저 다가오는 것이 시각인 것 같다. 앞의 예를 보더라도 같은 조건을 가진 사람이라면 잘 생긴 사람이 그렇지 못한 사람보다 관심과 시선을 더 받을 것이 분명해진다.

또 호감형의 얼굴은 친밀도에서 높은 점수를 받을 것이고 어두운 얼굴은 아무래도 부정적으로 보여서 별로 긍정적으로 좋은 점수를 받을 것 같지 않다. 그러하므로 얼굴은 걸어 다니는 명함의 역할을 한다고 할 수 있겠다. 잘 생기거나 호감형인 사람과 그렇지 못한 사람과는 엄연한 차이와 차별은 존재한다 싶다.

사람에게는 각자 고유한 표정이 있고, 나는 그중 표정이 밝은 사람이 제일 부럽다. 밝고 유쾌한 사람을 만나면 가지지 못한 것에 대한 동경 혹은 부러움을 갖는다. 거기에다 건강하고 아름다운 미소까지 가지고 있다면 오래토록 사모했던 정인을 만난 것처럼 반갑고 기쁘다.

최근에 나는 밝은 얼굴에 빛나는 웃음과 미소를 지닌 젊은이를 보았다. 그녀의 미소는 부드럽고 수줍음으로 빛났다. 꾸미지 않는 표정과 행동의 자연스러움은 그녀의 미소를 더욱 빛나게 하였는데 긍정적인 생각과 표정이 만들어 내는 이상적인 아름다움이라 할 만하였다. 젊음만으로도 아름다울 나이였지만 그녀의 표정에서는 무잡의 천진함과 건강한 아름다움이 묻어있어 더욱 좋았다. 다만, 나의 표정과 비교를 하지 않았을 때까지만 말이다.

나는 표정의 변화가 많지 않은 편이다. 좀 더 고백하지면 무표정일 때가 많다. 사람이 웃거나 찡그리거나 하는 표정이 없다면 생동감이 적어지고 삭막한 분위기만 남는다. 나의 앨범에는 많은 사진이 있지만 활짝 웃는 얼굴은 있을 것 같지 않다. 아주 소박하게라도 웃는 얼굴이라면 손가락으로 꼽을 정도는 있을 것 같다.

얼마간의 유교적 가풍을 가지고 있었던 우리 집은 책임감과 체통을 중시했다. 즐거운 일에도 실없이 웃는 일을 경계했다. 웃음도 절반, 슬픈 일이 있어도 슬픔을 절반으로 줄여 표현해야 했다. 그렇다고 경직되고 근엄한 모습만 있는 것은 아니었다. 형제 중에서도 유독 나만은 그런 성향을 많이 물려받은 것이 아닌가 싶다.

웃는 표정과 얼굴을 부러워하고 좋아하면서도 내가 그렇게 되는 것에는 소홀했다. 밝은 표정을 좋아하면서도 지금의 내 모습에서 변화하고 싶지 않은 마음이 조금은 자리하고 있었기 때문이 아닌가 싶다.

세상은 우리가 의식하고 인식하는 것보다 훨씬 빠르게 바뀐다. 아침저녁이 다르고 오늘과 내일이 다르게 변화하는 세상에 살지만 얼굴이나 인상을 보고 느낌으로 사람을 판단하려는 습성은 버리지 못한다. 첨단 시대의 상황과는 괴리가 생기는 것인데 그렇다고 사람의 마음을 석가나 가섭의 미소처럼 이심전심으로 알 수도 없는 일이니 이해가 전혀 가지 않는 바도 아니다.

요즘에는 잘 익고 맛난 과일을 먼저 고르는 것처럼, 사람의 얼굴에 모든 마음이 담겨 있다고 믿는 것인지 외양만을 지나치게 선호하는 사람들이 많다. 양팔 저울의 균형은 좌우가 동일 선상에서 같은 무게여야 수평이 되는 것이다. 외양과 내면의 균형을 이루게 될 때 사람은 더욱 빛나는 것을 모르지는 않을 것인데 말이다.

물론 시각적으로 잘 생기고 표정이 부드러운 사람이 호감으로 다가올 소지는 충분한 조건이 될 수도 있다. 하지만 사람의 진면

목은 얼굴이나 외양에만 있는 것이 아니라 보이지 않는 내면에 더 많은 가치가 숨어 있을 것이다. 외양만을 보고 판단하는 일은 공정하지 못한 처사일 수 있다.

스스로의 얼굴에 책임을 져야 할 충분한 나이가 되었지만 나는 도무지 온화한 표정으로 변화가 일어날 것 같지는 않다. 나도 표정을 바꾸려는 노력을 하지 않은 것은 아니었다. 답답한 마음에 거울 앞에서 입 꼬리를 올리는 시도를 해본 적도 있다. 하지만, 천성인지 거울 속의 모습이 내가 아닌 것 같아서 다시 시도하기가 어려웠을 뿐이다.

아름다운 얼굴을 가지려는 마음이 갑남을녀의 소망이라면 밝은 얼굴과 멋진 미소를 가지는 것은 신의 축복이다. 최근에 만난 젊은 이처럼 나도 얼굴을 편안하게 하고 색도 온화하게 하여 건강하고 아름다운 웃음을 배울 수 있다면 좋겠다.

잘 생긴 얼굴보다 더 아름다운 것은 웃는 얼굴이다.

아름다운 사람

가인佳人을 만나기란 어려운 일이다. 가인의 사전적 의미는 아름다운 사람이다. 가인은 아름다운 사람이면서 외양만 아름다운 사람이 아니다. 마음에 따뜻한 사랑을 감추고 있는 사람이다. 그리고 마음 깊은 곳에서 우러나는 진실 된 마음을 표현할 줄 아는 따뜻한 사람인 것이다.

그를 만나면 저절로 웃음꽃이 핀다. 그와 함께 있으면 나도 그사람처럼 착하고 아름다운 마음을 전해 받는 착각이 인다. 마음이 깨끗해지며, 미소가 지어지고 경직된 표정들이 하나 둘 펴진다. 그와 있는 동안은 동심으로 돌아가 순수한 마음을 전해 받는다.

흔히 말하는 좋은 사람이라는 말은 나에게 잘 해주는 그런 사람을 지칭함이 아니다. 입안의 혀처럼, 내가 원하고 의도하는 것을 재빨리 알아차려서 즐겁게 하는 이도 아니다. 어떤 목적을 가지고 나에게 미소 지으며 잘 도와주는 그런 여우형의 사람을 좋은 사람이라 착각할 수도 있지만 그건 결단코 아니다. 또한 언제나 사람 좋은 웃음을 지으며 어눌한 말투와 계산할 줄 모르는 곰처럼 무딘 사람도 아니다. 곰 형은 사람에게 피해를 주지는 않지만 현명함이 떨어지며 타인에 대한 배려라는 측면에서 가인이라 정의하기에 무리가 따른다.

지능이 좀 모자라서 좋게 보인다든가 단순히 좋게 보인다는 것과는 다르다. 좋은 사람과 아름다운 사람은 다르다. 좋은 사람이란 나와 손익을 따져 유무형의 손실이 없거나 이익이 돌아옴으로써 그들과의 관계가 좋다는 것이지 내가 말하는 가인과는 차이가 있다.

가인은 아름다운 사람이다. 사려 깊기가 깊은 바다 같고 표정이 부드럽기가 미풍 같다. 내가 아는 가인은 6피트가 넘는 키에 100킬로그램에 육박하는 몸무게를 가졌으며 곱슬머리에 검은 피부의 남자다. 미국에서 태어났고 공군 장교다. 그와의 첫 대면은 내가 그의 이름을 잘 못 읽은 데서 시작됐다. 그의 이름은 리안인데 내가 레온으로 읽었기 때문이다. 미안하다고 말하자 그는 환한 웃음과 함께 입을 크게 벌리며 아주 천천히 리~아~아안이라고 정정해 주었다.

그와는 매일 만나는 사이었는데 보면 볼수록 아름다운 사람이었다. 매사에 타인을 배려하려는 습성이 몸에 배여 있는 사려깊은 사람이었다. 주어진 환경에서 최선을 다하는 모습이 아름다웠고 새로운 것을 경험하고 배우는 것에 감사하는 사람이었다. 그는 누구에게나 친절했으며 자기의 생각을 강요하지 않았고 마음에 거슬려도 나쁜 말을 할 줄 몰랐다.

언제나 내가 도와줄 일이 없나를 먼저 생각하는 기특한 사람이었다. 그러면서도 상대가 원하지 않는 호의나 필요 이상의 친절은 결코 베풀지 않았다. 자기가 생각하는 착한 일도 상대에 따라서는 오히려 자존심을 건드리거나 해가 될 수도 있다는 것을 알고 있기 때문이었다. 비단 친절을 베푸는 기쁨뿐만 아니라 절제할 줄 아는 모범적인 사람이었다.

흑인인 그 사람은 직업군인이었다. 장교로 공군부대 내에 있는 군속들의 언어, 물리치료 등을 담당하는 장애인 담당 치료사였다. 언제나 좋은 일만 있을 것 같던 그에게도 아픈 과거가 있었다. 어느 날 그가 나에게 털어 놓은 이야기는 이러했다.

여자 친구를 사귀게 되었는데 피부색이 다른 여인이었다. 서로 사랑한다면 그게 무슨 일이 되느냐는 나의 물음에 커다란 눈에 이슬이 맺혔다. 두 사람은 서로 사랑하며 장래를 설계하고 있었는데 그 사실을 안 여자 친구의 아버지가 총을 들고 와 딸과 결혼하면 총으로 쏘아 죽여 버리겠다고 협박을 했다. 단순한 협박이 아닌 살벌한 분위기에 눌려 둘은 자유롭게 만날 수 없었고, 서로 그리워만 하고 있었다.

가끔 우리가 법 없이도 살 사람이라고 말할 때가 있다. 선량하여 남에게 해를 끼칠 일이 없음을 과장되게 표현하는 것이다. 리안은 법이 없으면 살 수 없는 사람이다. 그 이유는 법이 있어야 그 사람을 지켜줄 수 있기 때문이다. 법이 없어도 살 사람이 최고의 선한 사람이 아니라 법이 없으면 살 수 없는 사람이 더 좋은 사람이 아닌가 한다.

두 사람은 생이별을 하고 한 사람은 미국에서 다른 한 사람은 아시아에서 서로 안부를 들으며 그리워했다. 이후 나는 그들의 소식을 모른다. 나는 귀국을 했으며 들쭉날쭉한 우리나라의 주소 체계가 문제가 되어 수취인 불명으로 편지가 여러 번 되돌아갔다는 사실을 후일 다른 사람을 통해 알게 되었다.

나를 위한 마지막 환송 파티가 열리고 있을 때 리안은 선물이라며 카세트를 선물로 주었었다. 그때만 해도 흔하지 않은 자동으로 앞뒷면을 재생하는 것이었다. 그의 마음이 담긴 선물이라고이 간직했었는데 지금은 어디에 있는지 찾기 어렵다.

20년이라는 시간이 흐른 지금 두 사람은 어떤 모습으로 어디에 살고 있는지 모르겠다. 두 사람이 아들 딸 낳고 행복하게 잘 살고 있었으면 좋겠다.

문득 선량한 웃음을 짓던 그가 생각난다. 커다란 눈망울을 가진 아름다운 사람, 향기가 나는 사람, 가인은 바로 그 사람 리안이다.

꿩

며칠 전 지인과 함께 녹음을 보러가게 되었다. 그는 내가 무척 좋아하는 문인이다. 평소 한담할 시간이 적어 데면데면한 사이로 지내다가 여름이 오는 길에 의기투합해 함께 나선 것이다.

처음의 계획은 등산을 하며 이야기를 나눌 요량이었는데 날이 더워 계획을 수정했다. 가다가 좋은 곳이 있으면 쉬어 간다는 어정쩡한 외출을 하게 된 것이다.

신록은 바라보는 것만으로도 좋았다. 평소에 가보지 않았던 굽이굽이 외진 산모퉁이를 따라가다 차창으로 보이는 꿩 요리 간판을 보고 내가 말을 걸었다. 그도 나와 같은 생각이었다. 우리는 꿩 요리 전문점 앞에 차를 세웠다. 다행이 그도 꿩 요리를 좋아한다고 했다. 나는 시골에서 자란 탓에 꿩에 대한 기억이 많아서 맛 이외에 쉽게 대하기 어려운 귀한 것을 접한다는 설렘도 있었다.

간판을 따라 골목길로 20여 미터를 돌아가자 끝자락에 단층집이 보였다. 산기슭에서 조금 떨어진 들에 자리 잡은 그 집은 채마밭에 그물망을 쳐 놓았다. 이중 그물망 속에는 꿩이 살고 있었고 우리가 앉은 자리에서도 유리 너머로 꿩들의 습성이나 행동을 훤히 볼 수 있었다. 꿩 탕을 시키자 후덕하게 보이는 안주인은 체포용 망을 가지고 사육장에 들어갔다. 까투리 한 마리를 잡아가지고 나오는 것을 보고 호기심이 발동한 나는 지인이 말릴 사이도 없이 여주인을 따라 부엌으로 들어갔다.

그런데 호기롭게 뒤따라갔던 것과 달리 질식하지 않으려고 퍼덕거리는 꿩의 모습을 보고 말았다. 못할 짓을 했다는 후회가 밀려와 슬그머니 방으로 되돌아오고 말았다. 공연히 한 생명을 죽여 별식을 한다는 생각이 머리에서 떠나지 않아 마음이 무거웠다. 그러나 지인에게는 못 본 척, 태연한 척, 무심한 척했다.

부엌에서 요리를 시작하는지 칼로 도마를 치는 소리와 냄비를 여닫는 소리도 들렸다. 지인과 대화를 나누면서 나는 나쁜 짓을 하고 들통이 날까 두려워하는 아이같이 예민해 하며 불안한 대화를 했다.

얼마 지나지 않아 체온이 채 식지도 않은 간과 몇 점의 살이 작은 접시에 담겨 나왔다. 말로만 듣던 꿩 육회였다. 우리는 서로의 얼굴을 쳐다보며 난감해했다. 비위가 별로 좋지 못한 그와 나는 서로를 쳐다보며 머뭇거렸다.

주인 여자가 방법을 알려주었다. 내키지 않았지만 고기 한 점을 입에 넣는 순간 피비린내가 확 풍겼다. 누가 먼저라고 할 것 없이 젓가락을 내려놓았고, 꿩 사육장 너머의 하늘만 물끄러미 쳐다보았다.

지인은 말없이 소주만 들이켰다. 나도 불편한 마음을 숨길 수 없었다. 그도 나도 생선회를 좋아했으며, 쇠고기 물회와 육회는 함께한 적이 있었다. 단 한 번의 젓가락질을 끝으로 우리 사이에는 비릿한 적막이 흘렀다. 결국 나머지는 끓는 냄비 속으로 들어갔다.

여주인이 꿩을 잡을 때 우리는 모진 인간을 만나서 죽게 되었다고 악어의 눈물 같은 소리를 했었다. 약육강식의 상위에 분포된 인간이 생명을 두고 하는 오만한 넋두리 같은 것이었다. 뜰채로 꿩을 잡으려할 때 결사적으로 도망치던 꿩의 모습과 냄비속의 모습이 비교되고 겹쳐지니 입이 비렸다. 더구나 부엌에서 꿩을 잡는 것을 보다가 온 나는 꿩이 살려고 버둥거리던 모습이 떠올라서 마음이 편치 않았다. 숟가락을 들고 한 끼의 식사를 위해 생명을 죽인 것에 대해 떨떠름한 생각을 떨쳐 버리기 어려웠다. 마음의 거리낌은 곧 불편함으로 다가왔다. 배고픔은 사라지고 마음의 짐은 무겁게 침묵으로 내려앉아 밑반찬에만 젓가락이 갔다.

봄이 무르익는 오월이면 온 천지가 녹음이다. 녹음 사이로 온갖 생명들이 부대끼며 살아간다. 종달새, 뻐꾸기, 꿩의 소리는 산천을 울릴 만큼 요란하다. 그 중 꿩은 우리와 아주 친근하게 다가오는 조류다.

꿩은 걸어 다니기에 알맞은 튼튼한 다리와 부리를 가지고 있다. 산란기가 되면 이 산에서 꿩! 하고 울면 저 산에서 꿩! 하고 화답하는 것이 이들의 습성이다. 해마다 오뉴월이 되면 산과 들은 꿩의 울음 소리로 요란하다.

꿩 소리를 좇아 야트막한 뒷산에 오르다 인기척에 놀라 날아오르는 꿩 소리에 가슴을 쓸어내렸던 적이 한 두 번이 아니다. 운 좋은 아이들은 산이나 보리밭에서 곧잘 꿩알을 주워 와서 자랑을 했지만, 나는 한 번도 꿩알을 줍지 못했다.

어느 여름 소 먹이러 산에 갔다가 비둘기 집을 발견해 두 개의 알을 집으로 가져온 적이 있다. 어떻게 할까 궁리하다가 삶아서 껍질을 깨니 부화가 되다만 비둘기의 사체가 나와서 기겁을 한 적이 있다.

어쨌거나 우리는 꿩탕을 먹는 내내 죄지은 사람처럼 말이 없었다. 돌아올 때 부엌에 쌓여있던 꿩알 서너 판을 사들고 왔다. 그러나 그도 나도 죽은 꿩에 대해서 더이상 말하지 않았다. 그날을 생각하면 아직도 입이 비리다.

책갈피

책상 위에 여러 종류의 책갈피가 있다. 눈을 혹하게 만드는 화려하고 예쁜 것, 한지나 도화지 두께의 종이를 모양도 좋게 접고 묶어서 만든 기다란 것 등 여러 개다.

그러나 정작 내가 가장 편하게 자주 사용하는 것은 책갈피라 이름 지은 특정된 모양을 가진 것이 아니다. 막대 아이스크림을 먹고 난 뒤의 납작한 나무를 사용하기도 하고, 신문지나 생활정보지, 휴지를 찢어 쓰기도 한다. 그것들은 내가 원하는 책갈피라기보다는 책을 보다가 읽기를 멈추어야 할 때 주위에 있는 모든 것들이 책갈피의 방편이 된다.

가끔 오래전에 읽은 책들을 펴 보면 시간의 침잠으로 잊어버렸거나 기억에서 사라진 생소한 물건이 뜬금없이 책속에서 나올 때가 있다. 희미한 제목의 영화표, 주유소 영수증, 슈퍼의 간이 계산서, 천원 권 지폐, 드물긴 하지만 스카치테이프가 반으로 접혀서 나오기도 한다. 그 중에 연락할 길 없는 오래된 지인의 주소나 전화번호가 적혀있는 메모지를 발견하면 더없이 반갑다. 네잎클로버 혹은 잘 말려진 꽃, 바랭이 풀 같은 야생초가 나오기도 하지만 그것은 책갈피로 썼다기보다는 갈무리용으로 썼지 싶다.

다소의 낭만적인 대용품들을 뒤로하고 요즘 내가 잘 쓰는 책갈피가 있다. 시간과 환경이 주는 변화인 것인지 정서가 삭막해져 그런 것인지 모르겠지만 냉온수기에 쓰는 1회용 종이컵이다. 접어져 차곡차곡 쌓인 그 종이는 질감도 좋을 뿐 아니라 깔끔하기도 그저 그만이어서 신문 쪼가리와는 격이 다르다. 그래서 책과 책을 옮겨 다니며 사용하기도 한다.

컵 종이는 오래된 신문지처럼 손이나 책에 검은 잉크가 묻을 염려가 없다. 또 관공서나 병원 회사 등에서 흔히 사용하는 것이라서 쉬 얻을 수 있고 찾기도 어렵지도 않다. 만약, 그냥 가져오기가 무엇하다면 눈치를 볼 필요 없이 내가 사용한 것을 버리지 않고 가져와도 무방하니 얼마나 편리한지 모른다.

우리가 소중하게 아끼는 물건이라도 자주 사용하는 것과 그렇지 못한 물건이 있다. 자주 본다고 소중한 물건이라고 말할 수 없는 물건이 있고 일 년에 겨우 한두 번을 대면해도 소중한 물건이 되는 것도 있다. 일전에 제자들이 스승의 날 선물로 만년필을 사준 적이 있다. 좋은 글을 쓰라는 무언의 응원 같은 것이었다. 책갈피의 용도와는 다르게 편리함보다는 아끼느라 자주 사용하지 않는다. 격식을 따져 가며 고상하게 글을 쓸 수준도 되지 못하지만 컴퓨터를 사용하니 용처가 많지 않은 까닭도 있다. 그렇더라도 곁에 오래두고 함께하고 싶다.

책갈피처럼 귀하진 않지만 필요한 물건이 있는 반면에 자주 품에서 벗어나 있지만 소중한 인연도 있다. 멀리 타향에 있는 장성한 자식과 부모의 관계, 자주 만나지는 못하지만 늘 마음속에 두고 있는 오래된 지인, 혹은 명절에나 간혹 만날 수 있는 고향의 친구 같은 관계 말이다. 그래서 늘 혹은 자주 보는 친근함과 소중함과는 조금 다른 의미를 가질 수 있다는 생각이다.

신발로 치면 외출할 때 격식을 따져 골라 신는 구두와 집에서 편하게 신는 신발의 차이 정도다. 커피와 녹차를 마실 때 혼자서는 종이컵을 주로 사용하다가도 격식을 차리거나 정성을 다해야 할 때 아껴두었던 빛깔이 좋은 커피 잔이나 다기 세트를 꺼내는 것과 같다.

나에게는 오래전에 사다 두고 잘 사용하지 않는 물건 하나가 있다. 가끔 눈에 보일 때만 사용하지만 이건 일종의 편리함보다는 우아함이나 문명인이 되고픈 욕망에서 샀다고 봐도 무방한 물건이다. 끝은 뾰족하지만 날이 길고 무딘 칼인데 편지 봉투를 자르는 도구다.

삼십여 년 전 울산에 사는 사촌이 나에게 생소한 물건을 하나 보여준 적이 있다. 무엇에 쓰는 물건인지 용도를 맞추어보라고 하였다. 길쭉한 모양이 칼처럼 생겼지만 날이 무뎌 일반적인 칼도 아니었다. 나는 그때까지 한 번도 본적 없는 물건의 용도를 끝까지 알아내지 못했다.

몇 년 전 우연히 마트에 들렀다가 칼처럼 생긴 그것을 발견하곤 약간의 허영심 같은 감정으로 2천 원을 주고 사왔다. 어쩌다 스무

고개를 할 일이 생기면 나는 단골로 그 무딘 편지 자르는 칼을 생각했고 늘 이기곤 했다. 우리들의 생활과는 감히 쉽게 어울리거나 연상하기가 쉽지 않은 간극이 있는 물건인 까닭일 것이다.

우리가 살아가면서 자주 혹은 편리함이란 이름으로 고마움을 모르고 있는 것들이 참 많다. 가장 근접하게는 가족의 사랑과 희생 그리고 이웃들에 대한 고마움이다. 맑은 공기와 철마다 온갖 먹거리들을 주는 자연이 그렇고 그곳에서 경작하여 우리가 먹을 수 있게 해주는 땅과 사람들도 그렇다. 물, 바람, 숲 등 자연은 직접적으로 생명과 직결되는 문제지만 우리는 늘 있음으로 그 혜택에 대한 고마움을 잊고 사는 것 같다.

'없었다' 면 혹은 '없다면' '존재하지 않는다' 면 이란 가정을 두고 주위를 둘러보면 없으면 불편한 물건들이 너무나 많다.

책갈피도 그런 종류의 것이 아닐까 싶다. 의식주처럼 생존과 생활의 문제는 아니지만 설레는 마음으로 편지봉투를 개봉하는 기구처럼 따뜻함이 묻어나는 그런 것 말이다.

그리움

오래되어 좋은 것

업業

뱀들의 천지다. 크고 화려한 뱀을 잡으려했지만 손아귀에 들기만 하면 형체는 으스러지고 사라져 버렸다. 그래도 여러 번 포기하지 않은 끝에 작지만 눈부시게 화려한 색을 가진 놈을 잡았다. 놈은 으스러지지도, 사라지지도 않았으며 오히려 활력이 넘쳤다.

깨어보니 꿈이었다.

내 고향은 경주의 산촌이다. 대대로 경주에서 살아왔다. 7대조 할아버지께서 서라벌의 하급관리로 있다가 터를 잡은 곳이다.

어느 집이나 흥망성쇠가 있기 마련인데 할아버지 때도 3대 부자 없고 3대 거지 없다는 속담처럼 살았던 모양이다. 그러다 증조부대에 이르러 학문에 뜻을 두면서 가세가 다소 기울었다. 증조부께서는 말년에 자식들에게 마땅히 물려줄 것이 없자 손때 묻은 서당을 팔아 뜻을 펴게 하셨다.

다음 대인 할아버지는 이재에 밝아 적지 않은 농토와 물레방앗간을 가지게 되었고 매번 면에서 가장 많은 매상을 하는 집이었다. 논밭에서 나오는 소출이 주 수입원이었지만 방앗간에서 나오는 수입도 만만찮은 것이었다.

부를 얻은 할아버지가 제일 먼저 한 일은 종자돈을 마련하기 위해 자신의 모든 것이었던 서당을 팔아주었던 증조부를 위해 그 서당보다 몇 배나 큰 집을 지어 드리는 일이었다. 그 이후 우리 집은 사방 10여 리에서 제일 크고 웅장한 사랑채를 가지게 되었다.

부를 이루자 손님들이 넘쳐났고 마을에 큰 손님이 오면 으레 우리 집에서 묵게 하였다. 할아버지가 돌아가실 무렵부터 가세가 상당히 줄어들어 손님들의 내왕도 줄었으나 그리 어려운 상황은 아니었다. 해마다 큰 물난리가 나고 문전옥답들은 하나 둘 하천이 되면서 가세도 차츰 차츰 기울어갔다.

동생의 유모가 마지막으로 집을 떠나고 난 뒤 어느 화창한 오후였다. 평소에 구경하기조차 힘든 크기의 구렁이가 대문 옆 돌담을 따라 길게 몸을 늘어뜨리고 있었다. 그전에도 지나가는 것을 두어 번 구경한 적은 있었으나 사람의 인기척을 느끼면 재빨리 돌담 속으로 몸을 숨기곤 하던 능구렁이였다. 그 날은 사람을 피할 생각이 아예 없어 보였다. 지게 작대기로 건드려 보고 돌담 속에 넣어 주려고도 해도 도무지 몸을 숨길 생각이 없는지 거의 움직임이 없었다.

구경거리가 귀한 산촌에 이상한 행동을 하는 구렁이의 출연은 삽시간에 아이들을 불러 모았고 돌담을 앞에 두고 반월모양으로 진을 쳤다. 짓궂은 아이들이 신기한 현상에 나무 가지로 뱀을 툭툭 건드리고 가볍게 눌러보아도 본능적인 움츠림만 있을 뿐 구렁이는 요지부동이었다. 그때 인근을 지나가던 땅꾼이 구렁이를 보게 되었다. 땅꾼은 아이들을 물러서게 하고 구렁이를 냉큼 잡더니 광목자루에 넣어 줄행랑을 쳤다.

해거름이 되어서야 어른들이 돌아와 전후 사정이야기를 듣고 집안의 업이 없어졌다고 원통해하셨지만 이미 되돌릴 수 있는 상황은 아니었다. 업이 뭔지도 모르는 우리는 눈만 끔뻑거릴 수 밖에 없었다. 좋지 않는 일이 일어났다는 느낌만 알 나이였다.

업에 대한 믿음이 큰 탓이었는지 아니면 이미 가세가 기울어 가는 일에 가속도가 붙은 것이었는지 알 수는 없지만 그해 겨울을 마지막으로 고향을 떠나 타지로 이주를 해야 했다. 사방 10여 리에서 가장 크고 좋은 집이었던 사랑채는 허물어져 재목으로 팔렸고, 재 너머 모씨 문중의 재실로 지어졌다는 소문만 들렸다.

늦은 나이에 결혼한 우리 부부에게는 큰 아이를 낳고 육 년 동안 아이가 없었다. 여러 가지 방법으로 둘째를 얻으려했지만 거듭되는 자연유산으로 의기소침했다. 더구나 병원에서는 아이 엄마의 나이가 마흔이 넘어 더 이상의 희망은 갖지 말라는 말을 했다. 둘째 아이는 우리와 인연이 없는 것이라 여겼다. 더 이상의 기대는 심신을 고갈하게 만드니 힘들더라도 받아들이고 큰 아이만이라도 잘 키우자고 체념하였다.

모든 희망을 버렸는데 그달에 뱀 꿈을 꾸었다. 새 천년이라고 모두가 들떠있던 용띠 해에 둘째로 사내아이가 태어났다. 공교롭게도 큰 아이와는 음력으로 같은 달 같은 날이었다. 아이는 우리

형제에게도 유전되지 않았던 아버지의 양미간의 점까지 가지고 태어났다. 아버지의 새벽기도가 효험을 봤다고 할만도 했다.

오고 가는 것이 세상의 섭리다. 뱀 꿈 태몽 이후 태어난 아이가 열일곱 살이 되었다. 아버지 떠나신 지도 십삼 년이 되었다. 고향을 떠나온 지 벌써 사십여 년의 세월이 훌쩍 지났다. 마지막까지 남아 있던 집터마저 이제는 남의 소유가 되었다. 구렁이가 담을 타던 돌담은 자취도 없이 허물어져 버렸다.

대대로 인습적으로 업이라 믿어 의심치 않았던 그 영물이 기억에 남아 태몽으로 뱀 꿈을 꾼 것이 아닌가 싶기도 하다. 꿈보다 해몽이라고 일부러 좋게 맞추어 볼 생각은 없다. 다만, 조상님들의 가호가 있었기에 막둥이를 얻었다고 믿고 싶을 뿐이다.

한때 흥했던 기억을 되살리면 조상님께 마음이 무겁고 죄송스럽다. 그러나 가지고 놓고 하면서 반복되는 것이 사람의 일 아니겠는가.

그 아저씨의 이용원

그는 매달 한 번씩 예닐곱 번을 만났어도 변함이 없다. 입구에 들어서며 '안녕하세요'라고 인사를 하지만 파리를 삼킨 두꺼비처럼 묵묵부답이다. 손님이 왕이라는 말은 이곳에서는 있으나마나다. 설령 손님이 왕이라고 해도 여기선 전혀 통하지 않는다. 슬쩍 불평의 말 한마디라도 할 것 같으면 말 같지 않은 소리 그만하라는 말이 되돌아 올 것 같다.

이용원은 첫 인상부터 옹색하다. 60년대의 변두리 어느 퇴색한 골목을 그대로 옮겨놓았다고 하더라도 썩 좋은 그림이 못된다. 푸시킨의 액자 하나가 걸려 있든지 아니면 다산과 부귀의 상징인 암퇘지 가족의 그림 한 장 정도는 걸릴 법도 한데 아무 것도 없다.

전면의 장식장에는 고집스런 그의 성격을 보듯 요즘 보기 드문 글씨체로 소독장, 가위, 빗, 염색용품 따위의 물건의 이름을 써 붙여놓았다. 오래된 장식장은 볼품이 없다. 나름으로는 최선의 선택일지 모르지만 남루하다는 표현이 더 어울린다. 누가 보고 무엇이라 하든 그것과는 상관없이 필요한 물품을 제자리에 놓아 두었다는 표식일 것 같다. 일의 효율성만을 위해 장식장이라는 이름이 존재하고 그 이름으로 공간을 구분하려는 것으로 보인다. 열 너 댓개의 가위, 빗, 바리캉 등의 투박함이나 마모정도로 주인의 연륜을 가늠할 수 있다. 모든 기구마다 굵고 짧은 머리카락이 묻어있다.

나일론 재질의 주렴은 떼어내면 바로 버려야할 것 같이 남루하고 지저분하다. 손님들이 앉는 의자 앞에는 지금은 구경하기도 어려운 작은 구식탁자 하나가 있다. 그 위에는 일회용 인스턴트커피 몇 개와 두개의 종이컵이 올라있다. 옆으로는 날짜가 지난 신문이 옹색하게 얹혀있다. 회전하는 선풍기 바람에 신문은 경박한 소리를 내며 펄럭인다.

거울을 마주 보고 면도를 할 때 180도 뒤로 젖혀지는 커다란 의자가 네 개나 있지만 온전한 것은 없다. 군데군데 옆구리가 터지고 사람의 손이 자주 닿는 곳에는 마치 색깔을 칠한 것 같이 검은 얼룩이 묻어있다. 그것뿐 아니다. 주인의 흰색 가운도 구멍이 뚫리고 길게 눌어붙은 자국이 선명하다. 아마도 낡은 탁자 옆, 연탄난로에 연탄을 갈다가 생긴 것 같다. 색깔이 변해도 쉽게 버리는 세상에 구멍 뚫리고 눌어붙은 옷을 입은 주인의 성정도 짐작이 간다. 그러나 옷과 이용원의 분위기와 반대로 주인은 말없이 도도하다. 가위질을 할 때마다 심한 백반증을 앓는 얼룩덜룩한 그의 팔이 오르락내리락하면서 과거의 시간으로 거슬러 오르는 것 같다.

환갑이 훨씬 지나 보이는 앞 손님이 이발을 끝내고 면도를 시작했다. 반백의 머리칼은 솔잎처럼 사방으로 가지를 뻗쳤지만 숨이 죽을 생각은 조금도 없어 보인다. 육중한 의자가 뒤로 젖혀졌다. 주인은 플라스틱 통에서 굵고 부드러운 붓으로 탁탁 소리를 내며 익숙하게 비누거품을 내기 시작했다. 이윽고 굵은 붓이 화선지 위를 노닐 듯 얼굴에 거품을 묻힌다. 새끼손가락에 손잡이를 엇비슷하게 끼운 면도칼은 사각사각 소리를 내며 귀밑으로 코밑으로 턱선 위로 말끔한 길을 만든다.

주인이란 사람은 여전히 말 한마디 없고 몸짓으로 행동을 유도할 뿐이다. 처음 온 사람은 푸대접이라고 화를 낸다한들 과하다 말할 수 없을 것 같다. 서비스 좋고 애교만점의 아리따운 여인이 있는 미용실을 모르는 것도, 서비스로 안마까지 해주는 이발소를 모르는 것도 아니다. 그럼에도 불구하고 그런 호조건을 뒤로 하고 이곳에 오는 나름의 이유가 있다.

반백년을 살다보니 내가 특별히 말하지 않아도 스타일에 부합하는 머리카락을 잘라 주는 곳을 찾아내는 일이 이젠 반갑고 기쁘다. 지금 내가 처한 상황을 이해하고 지난했던 과거까지도 보듬어 주는 것만 같기 때문이다. 머리를 자르는 방식은 이발사에 따라 조금씩 다르다는 것을 안 것은 오래전이다. 이젠 남이 생각하는 내가 아닌 내가 생각하는 나의 모습에 가장 근접한 모습을 갖고 싶은 열망이 있다. 내가 불편을 감수하면서까지 그곳과 그를 찾는 이유다.

머리카락을 자르는 기술은 직선이 아니라 곡선이다. 곡선도 절대적인 곡선이 아니라 직선에 가까운 상대적 곡선이다. 두상의 크기와 모양에 따라, 머리카락의 굵기와 양, 모발의 색상에 따라 다르게 작용한다고 할 수 있다. 그런 미묘한 차이는 비슷해 보이지만 세밀히 보면 이발사의 선호도에 따라 머리 모양이 각각 다르게 나타난다.

이발사의 특권인 동시에 특색의 발현이다. 획일적인 가위질이 아니라 그 사람의 얼굴모양에 가장 잘 맞는 방법을 찾아가는 것이다.

그는 머리카락을 잘 자른다. 가위를 잡은 손이 움직일 때마다 팔의 백반증이 흉측한 문신을 한 것처럼 보인다. 예리한 가위질은 경쾌한 소리를 만들고 저 잘났다고 뻗대는 놈들은 웃자란 세상의 허식처럼 항변할 틈도 없이 우수수 떨어진다.

낡고 허름하며 청결과도 거리가 멀다. 또한 친절과도 담을 쌓은 이곳에선 몸도 마음도 늘 불편하다. 사람이나 풍경, 심지어 유리문에 붉은 색으로 썬팅 된 허접한 상호까지도 마음에 들지 않는다. 그렇지만 매월 하순, 일요일이면 나는 불편함을 감수하는 걸음을 한다. 돋보기 없이는 해독 불가능한 일간신문을 들고 이물이 낀 것처럼 흐릿한 두 눈을 찡그리면서 말이다.

아! 마로니에

우리는 사람이나 사물의 본질인 속을 제대로 인식하거나 인지하지 못하고 언저리만 보고 전체나 본질인 것처럼 판단하는 우를 종종 범한다. 외양이나 밖으로 풍기는 느낌의 일부만을 보고 사물의 전체라고 착각하고 마는 경우다. 본질보다는 외양의 질감이나 촉감, 시각, 청각, 미각을 총동원하여 분별을 하려는 시도인 것이다. 사물이 가지는 고유의 속성이나 특성을 단순한 느낌만으로 본질을 이해하려는 이유가 어쩌면 바쁜 세상에 살면서 당연한 것인지도 모른다. 바쁘게 돌아가는 도심에서 살아가려면 외양만을 익히고 판별하는 일 조차도 때론 벅차다.

유행가는 시대의 생각과 소리를 대변하고 있다고 말한다. 유행이라는 관념이 현실과 동떨어질 수 없는 까닭도 있겠지만 어쨌거나 시대흐름의 많은 부분을 차지한다. 시대의 유행이나 흐름으로 그때를 진단하는 경우가 왕왕 있는 것을 보면 유행가, 옷차림 등은 시대의 세태를 아는 척도가 될 수 있겠다.

나는 신파조의 유행가를 끔찍이 싫어하는 편이다. 그런데 가끔 가사의 단어와 곡조 그리고 분위기가 내가 당면하고 있는 문제의 유형과 틀을 같이 할 때가 있다. 그때 유행가는 이미 유행가가 아니게 된다. 가슴을 저미고 감정의 골을 샅샅이 훑어내며 마지막 남은 자존심마저 내팽개치게 만드는 노래가 되는 것이다.

그러나 그 동류심의 통속이, 낯간지럽게 걸러지지도 않은 가사나 입에 발린 소리가 아니어야한다. 마지막 가진 자존심도 내려놓고 가슴을 열고 마음을 열만큼의 무게와 의미를 필연적으로 지녀야 하는 조건이라야 하는 것이다.

'사랑은 계절 따라' 를 부른 박건이라는 가수가 있다. 짙은 가을 냄새를 풍기는 목소리와 분위기에 계절의 감성이 저절로 각인되어 묻어나는 가수다. 그 가수가 부른 '지금도 마로니에는 피고 있겠지. 눈물 속에 봄비가 흘러내리듯 임자 잃은 술잔에 어리는 그 얼굴……' 은 '그 사람 이름은 잊었지만'이란 제목의 노래가사인데 제목에서 조차 마른 낙엽처럼 우수가 뚝뚝 떨어질 것 같다.

나는 오랫동안 가사에 나오는 '마로니에' 가 외국의 어느 지명인 줄 알았다. 가사를 자세히 살피지도 못하고 감성에 치우쳐 느낌으로 받아들인 오류였다.

동숭동의 마로니에 공원이 있다는 이야기를 스쳐지나가는 소리로도 못 들어본 것도 아니었을 테다. 프랑스 이름인 마로니에, 파리북부의 몽마르트 언덕과 센 강가를 뻗어 있는 상제리제 거리의 마로니에 가로수가 유럽의 명물이라는 것도 수없이 내 귀와 눈을 스쳐 지나갔을 것이다. 그림에는 문외한이지만 반 고흐가 마로니에 거리를 그린 '꽃이 핀 마로니에' 있다는 정도는 알았어야 했다. 그런데도 글자를 모르는 이도 난독증도 아니고 청각, 시각 장애도 아닌데 노래 가사의 느낌에 빠져 눈, 귀가 멀어 착각의 늪에 빠져 있었던 것이다. 이국의 어느 하늘 아래 짙은 갈색낙엽이 뚝뚝 떨어지는 마로니에라는 지명정도는 있을 줄로 알고 있었던 것이다.

최근의 일이다. 어느 공원 같은 아파트를 산책하다가 나무의 이름이 적힌 푯말이 눈에 띄어 자세히 보니 마로니에라는 이름의 나무였다. 그 이름을 본 순간 불현듯 봄임에도 불구하고 늦은 가을 냄새가 났다. 이미 그 이름과 노래의 이미지에 각인되어 버린 영상은 봄이 아닌 가을이었다. 구르몽의 낙엽이 뚝뚝 떨어지고 있었다.

나의 선입견이 빚은 착각은 여기에서 그치지 않는다. '그 사람 이름은 잊었지만'의 분위기는 가을로 알았지만 엄밀히 말하면 노래속의 풍경은 늦은 봄이 타당할 것 같다. 마로니에는 5월에 꽃을 피운다. 그러니 '지금도 마로니에는 피고 있겠지.'로 본다면 오월이나 유월 초에 해당하니 늦봄이나 초여름에 해당한다고 볼 수 있다. 그럼에도 불구하고 감성이 빚어낸 착각이 너무 심해 나는 지금껏 그 노래를 수없이 듣고 부르면서도 은연중에 낙엽 뚝뚝 떨어지는 가을이라고 믿어 의심치 않았다. 그리고 가을이면 그 노래를 참 많이도 불렀다. 나는 그렇다. 하나를 생각하면 둘을 전혀 볼 줄 모르는 맹목의 직진성, 이성의 마비가 부끄러울 뿐이다.

유럽이 고향인 서양 마로니에와 일본이 원산인 일본 마로니에는 나도 밤나무과의 교목이며 5-7장의 잎을 가져 칠엽수라 한다.

우리나라 최초의 서양 마로니에는 1912년 주한 네덜란드 공사가 고종황제에서 선물한 두 그루가 덕수궁 석조전 옆에서 자라고 있다. 일본 칠엽수는 1928년 서울 문리대 마로니에 공원 자리에서 처음으로 일본에서 가져다 심었다. 까지가 내가 주마간산 격으로 알아본 마로니에의 내력이다.

그러나 나의 실수를 덮기에는 너무 늦어 버렸다. '늦었다고 생각할 때가 가장 빠르다' 란 말도 있지만 가슴에 소용이 닿지 않는다. 속담에서 겨우 위안을 찾는다면 시작이 반이란 것인데 고무적으로 봐서 억지로라도 반 푼수로 정도로 남아도 위안이다.

5월의 하순, 속살거리는 봄비 속에 지금 어느 곳에는 마로니에가 피고 있겠다. 푼수에서 반 푼수로라도 되려면 사물을 외양과 느낌만으로 판별하기 보다는 이성적인 시각으로 보는 능력도 함께 길러야겠다. 그래도 구르몽의 시처럼 내 의식의 내면에는 봄이든 가을이든 커다란 떡갈나무의 이파리, 마로니에가 뚝뚝 떨어지고 있다.

'시몬, 숲으로 가자 나뭇잎이 져서 이끼와 돌을 낙엽으로 덮고 있다. 시몬 너는 좋으냐? 낙엽 밟는 발자국 소리가'

아! 마로니에.

얌체

나는 천성적으로 영민하지 못한 편이다. 머리 회전이 빠르지 못하고 허둥거리며 덜렁댈 때가 많다. 거기다 임기응변이 필요한 때에 순간적인 재치가 부족한 편이어서 애초에 눈치 빠르게 일처리 하기에는 이래저래 난망하다.

얌체 짓을 하는 사람을 보면 흉한 벌레를 보듯 싫어하고 몸서리 친다. 스스로 약삭빠른 행동을 잘하지 못하고 둔감한 것을 자각한 까닭도 있을 것이지만 약삭빠름은 건전치 못하고 또 정도를 벗어난 부정적인 방법이라 여기는 까닭이 크다.

아침마다 대연사거리를 거쳐 서면 쪽으로 출근을 하려면 차량의 흐름을 방해하지 않고 차선변경과 좌우회전을 해야 하므로 긴 차량의 대열 끝에서 기다리는 일이 잦다. 차량의 정체는 출근시간과 맞물려 자주 시계를 보면서 초조해 하는데 매일 비슷한 위치에서 얌체 행동을 하는 사람을 보면 짜증과 한숨이 먼저 나온다.

출근시간과 퇴근시간에 차선을 바꾸어 주행하기는 여간 성가신 일이 아니다. 그래서 대부분의 사람들은 혼잡을 피하고 다른 사람에게 피해를 주지 않으려고 한다. 미리 흐름을 살펴서 다소 느리더라도 2차선이나 3차선으로 주행한다. 그런데 차가 밀리는 게 보이는데도 좌회전 차선인 일 차선으로 무작정 달리다가 좌회전 차량에 막혀서야 위태하게 차선 변경을 하는 사람이 많다. 그런 사람들 때문에 2차선과 3차선으로 가던 차들도 덩달아 속도를 줄이거나 정체의 대열에 합류하고 마는 일이 매일 반복된다.

매일 거의 같은 시간에 같은 방향으로 다니다보니 매번 얌체 짓을 하는 차량의 번호나 색상 그리고 차종까지 외울 정도다. 매일 얌체 짓을 반복하는 사람을 보면 얄미움을 넘어 화가 난다. 더욱 문제는 매일 같은 위치에서 차량의 흐름을 방해하고도 미안한 기색조차 없는 뻔뻔한 얌체들이 많다는 것이다.

그들은 여전히 같은 짓을 반복하며 습관처럼 소통의 방해를 반복한다. 급차선 변경이 잦고 1차선에서 급히 차머리부터 밀고 들어와 옆 차선에서 달리고 있던 차를 놀라게 한다. 또 다른 차가 차선 변경을 하려고 방향지시등을 켜면 오히려 속력을 더 낸다. 차선변경을 방해하고 배려라고는 눈곱만큼도 없는 사람들인 것이다. 얌체는 다른 사람의 노력이나 공을 약삭빠름으로 가로채는 수단이고 이기의 근원이다. 작은 노력으로 많은 것을 가지려 할 때, 늦게 출발하여 빨리 도착하려 할 때, 노력 없이 남의 공을 가로채려 할 때 얌체 짓이나 행동은 빛을 발하게 된다. 남의 앞을 가로 막으며 나의 편리만을 좇는 아주 이기적인 사람이고 행위인 것이다.

'반갑읍니다'가 '반갑습니다'로 바뀐 이유 중에 하나는 '반갑읍니다'의 읍이 '습'으로 소리가 나 아이들이 읍사무소를 습사무소로 읽는 데서 연유된 것이란 소리를 들은 적이 있다. 글자 자체의 문제는 아니지만 착각을 일으키기 쉬워서 생긴 일이다.

횡단보도를 건널 때 아이들은 팔을 들고 건너도록 하는 교육은 유아원이나 유치원부터 시작된다. 그런데 그 부작용으로 아이들은 팔만 들고 가면 아무 곳이나 건너도 된다는 착각을 하는 것은 아닌지 염려스럽다. 가끔 차가 달리는 위험한 차도로 아이들이 당당하게 손을 들고 건너는 것을 본 적이 있는 까닭이다.

나는 성향이 그다지 까다롭지는 않은 것 같은데 유독 얌체행동에 대해서는 핏대를 올리는 일이 잦다. 그것은 정당한 행동에 대한 보상심리가 작용하는 탓도 있겠지만 자동차의 흐름을 방해하는 것 같이 정당하지 못한 방법으로 다른 사람의 리듬이 깨는 방해를 두고 보기 어렵기 때문이다.

사람인 이상 이기심을 가질 수밖에 없고 가끔은 이타와 이기의 중간에 서서 양심의 이쪽저쪽을 저울질 할 때가 있다. 문제는 잘못인 줄 알면서도 잣대를 자기중심의 이기로 무리하게 돌리는 일이다. 더욱 가관인 것은 얌체짓이나 행동을 하면서도 잘못을 자각하지 못하는 것에 있다. 그런 부류의 사람들일수록 비판적인 일에는 특별히 언성을 높이는 일이 많다. 자기 이외의 사람들이 하면 좋지 않은 일이고 자기가 하는 일은 옳다는 사고의 편향이 그것이다. 차창 밖으로 불도 끄지 않는 담배를 무시로 버리면서도 길가나 도로에 담배꽁초가 많다고 불평하는 이들이 그 부류다.

차선 변경을 미리 하지 않고 차량이 정체되는 자리에서 차선 변경 시 양보하지 않는다고 흥분해 목소리를 높이는 사람도 그 부류다. 그들의 가장 큰 문제는 자기들이 온전한 행동을 하면 손해를 본다는 피해의식이다. 계속 시도해 보지도 않고 한 두 번의 시도로 안 된다는 생각을 굳히게 된 것이다.

세상이 바르게 돌아가려면 옳은 사고와 행동을 하는 사람이 더 많아야 한다. 바다가 부패되지 않는 이유는 3.5퍼센트의 소금이 존재하기 때문이다. 사회라는 집단에 사는 이상, 조금의 편리함보다 양심의 소리를 들으며 기다려 주는 배려가 필요한 때다.

얌체에게 告한다. 이제부터 故 얌체로 하면 어떨까.

부끄러움을 잃어버린 사람들

사물을 분간하는 생각이 의식을 만들어낸다. 의식은 자연스럽게 사람을 지배하여 행위로 나타나게 하는데 그것이 행동이다. 사람과 다른 동물들과의 차이는 생각과 의식의 차이가 있지 않을까 싶다. 짐승들의 본능적인 행동은 의식의 지배를 받지 못한 원초적인 몸부림일 뿐일 것이다.

아침에 출근을 하기 위해 도로를 달리다보면 거의 매번 비슷한 곳에서 차량 정체나 보행신호에 걸린다. 어느 때라고 단정할 수는 없지만 나는 그 틈을 이용해서 주변사람들의 행동을 유심히 관찰하는 버릇이 생겼다. 사람들이 무심코 하는 행동과 습성을 살펴보는 것인데, 그러다보면 대략적으로 그 사람의 성향을 파악할 수 있다.

차문 밖으로 교묘히 담배꽁초를 버리는 사람이 있고, 주위를 한 번 살피고 창문을 내려 담배곽이나 과자 부스러기를 몰래 버리는 이도 있다. 이들은 부끄러운 일이라는 것을 알고 있는 사람들이다. 그런데 누가 보든 말든 전혀 개의치 않고 마치 쓰레기통에 휴지를 버리듯 자연스럽게 차 밖으로 던져 버리는 사람들도 있다. 불붙은 담배를 버리는 사람, 차안에 휴지 하나 터럭 하나까지 남김없이 차문을 밖으로 버리는 사람들이다.

한마디로 내가 손해 보지 않고 내 차만 더럽지 않으면 된다고 생각하는 사람들이다. 도로 위를 마치 쓰레기장처럼 만드는 사람들인데, 아이러니하게도 그런 사람들일수록 공중도덕의 문제점을 지적하는 사람이 많다. 한마디로 남 탓만 하는 사람인 것이다.

어느 나라는 어떻게 잘 지키는 데 우리나라는 아직 기본이 안 된 사람이 많다. 자기처럼 기초질서를 지킨다면 어느 선진국 못지않게 된다는 등의 뻰뻰스러운 소리를 얼굴하나 안 붉히고 술술 내뱉는 사람들이다. 도로 위에 버리고 뱉고 하고 싶은 대로 하면서 양심도 함께 버린 부류들인데, 열에 예닐곱은 자기는 잘지킨다고 한다. 대다수의 다른 사람들이 공중도덕을 지키지 않는다고 푸념하며 착각하고 사는 사람들인 것이다.

요즈음 그런 행위를 보면서도 잘못이라고 따끔하게 충고해 주는 사람을 보기 힘들다. 개인의 사생활을 보호하고 간섭하지 않는 것은 당연한 일이다. 그러나 적어도 남에게 피해를 끼치지 않을 때라는 단서가 붙어야 하는 것이다. 그런 것을 보고도 관심밖에 두는 일은 아무래도 잘못된 듯싶다.

흉악한 사건이 수시로 일어나서 그런지 요즘은 도리를 따져 따끔하게 충고하는 사람을 보기 힘들다. 그러다 보니 아이들도 과자 포장지를 아무 곳에나 버리는 것이 자연스럽게 되어 버렸다.

세태의 방임이 지나쳐 옳고 그름의 잣대가 모호해져 버린 것이다.
낮 12시가 가까운 시간이다. 옆 차선으로 가던 검은색 승용차의 창문이 열렸다. 20대로 보이는 젊은이가 조금의 거리낌도 없이 창밖으로 불붙은 담배를 도로 위로 던졌다. 행위도 괘씸했지만 남의 이목을 전혀 개의치 않는 뻔뻔함에 화가 났다. 옆으로 가서 한마디 해주려고 차의 속도를 조절하려다가 마침 정지신호에 나란히 서게 되었다. 인상이 강한 편이라 최대한 부드럽게 했다.

"보소, 담배꽁초를 길에다 버리면 우짜요?"

그는 상황판단이 안 되는지 멍한 표정을 짓고 있다가 그때서야 꽁초를 버린 사실을 두고 말한다는 것을 알고 아무것도 아닌 걸 가지고 별나게 군다는 듯 짜증스럽게 답을 했다.

"그래서 어쨌다고요?"

뻔뻔스런 그의 말을 듣는 순간 부아가 났다.

"야, 이 양반아, 그런 걸 거기다 버리면 누가 치우노? 잘못된 행동을 했으면 미안한 마음을 가져야지 오히려 따지는 거요"

나의 음성도 높아졌다.

"그래서 어짜라꼬요?"

"아니, 이 양반이 그래도 잘못한 것을 모르고 오히려 큰소리네"

그는 왜, 공연히 시비를 거느냐는 듯이 나를 훑어보고 갔다.

그 사람이 보기에 내가 공연히 시비를 거는 사람으로 보였다는 것이 문제였다. 무엇이 잘못된 것일까. 양심은 학력, 나이, 지식과도 무관한 마음의 밭인데 무엇이 그 젊은이의 이성을 마비시킨 것일까. 양심은 바른 마음이고 잘못을 깨닫고 부끄러워 할 줄 아는 마음인데 말이다.

나는 잘못된 행동을 바로잡아 주려고 부드럽게 말한 것인데 그 젊은이에게 닿지 않은 것을 보면 방법을 달리 했으면 어땠을까 싶기도 하다. 하지만 양심이 마비된 황폐한 마음에는 아무리 좋은 종자라 한들 뿌리내리고 성장하기는 힘들다는 생각도 해본다. 부끄러운 일을 하고도 잘못 인줄 모르고 오히려 큰 소리치는 행동은 자기를 해하고 남을 해하며 사회를 병들게 하는 것이 아닐까.

요즘 젊은이들의 반항심과 이기적인 잣대를 모르는 바도 아니면서 그냥 지나칠 수 없는 것이 나의 한계인지도 모르겠다. 애초에 본전을 찾기 어려운 시도지만 가만히 있으려 해도 공중도덕 불감증에 걸린 사람들을 보면 불쑥불쑥 튀어나오는 성질을 제어하기 어렵다.

10여 년 전의 일이다. 휴일을 맞아 가족들과 원행을 하려고 왕복 6차선 대연동 4거리를 지나가고 있었다. 3차선인 내 앞으로는 버스가 달리고 있었고 2차선에는 푸른색 승용차가 달리고 있었다. 두 차는 경쟁이라도 하듯이 지그재그 운전을 했다. 그러다가 마침 들어온 정지 신호에 나란히 서서 험한 욕설과 고함이 서로 오갔다. 급기야 서로 삿대질을 하다가 누가 먼저랄 것도 없이 문을 열고 내렸다.

버스기사는 40대로 보였고 승용차 운전자는 20대로 보였다. 분을 참지 못한 두 사람의 실랑이가 계속되다가 화가 난 승용차 운전자가 갑자기 벽돌을 집어 들었다. 다급해진 버스기사는 길가로 도망갔다. 따라간 젊은이는 멱살을 잡고 벽돌로 버스기사의 머리를 치고 있었다. 불시에 일어난 어처구니없는 일에 모두가 멍하니 있는 사이 나는 반사적으로 차에서 내려 벽돌을 든 청년의 손을 비틀어 잡았다. 다행히 버스기사는 크게 다치지 않아 위기를 넘겼고 그것으로 일단락되었다 싶어 나는 목적지로 향했다.

다음 날 오후에 가해자 청년에게 전화가 왔다. 대뜸, 내가 스프레이를 뿌리면서 자기 차에 스프레이가 튀었다, 새로 도색을 해야겠으니 몇십만 원을 내라는 이야기였다. 어이가 없었다. 곰곰이 생각을 되돌려 보았다.

그 사건이 있던 날, 누군가 나중에 상황 판단을 하기위해 스프레이로 차량이 서 있던 자리를 표시하여 증거를 확보하자고 했다. 그래서 내가 흥분한 두 사람을 대신해서 스프레이로 버스의 위치와 승용차의 위치를 표시해 주었다. 아마 그때 몇 방울이 튀었을지도 모른다. 그렇다 하더라도 육안으로 식별하기조차 어려울 정도일 것인데 대단하다 싶었다. 만약, 그렇다면 차를 몰고 경찰서로 와서 해결하자 그리고 문제가 있다고 판단되면 배상해 주겠다. 그랬더니 툴툴거리며 전화를 끊었다.

나중에 알아 보니 그 청년은 폭력 전과가 여럿이었다. 집행유예 기간이었던 모양인데도 혈기를 조절하지 못하고 또 그랬던 모양이다. 버스기사는 다행히 2주 정도의 진단이 나왔다는 이야기를 들었지만 그 뒤의 일은 나는 모른다.

보통의 상식을 가진 사람이라면 벽돌을 들고 그러지도 않겠지만 눈에 쉽게 뜨이지도 않을 만큼의 피해로 싸움을 말려준 사람에게 그런 무리한 요구도 하지 않을 것이다. 한마디로 뻔뻔하다. 세상에는 자기의 인식이나 상황에 따라 각기 다른 생각을 가지고 살 수 있다고 생각한다. 그렇다 하더라도 최소한의 양심과 이성의 잣대를 가지고 살았으면 좋겠다는 바람을 가져본다.

길

아스팔트 위를 걸어 다닐 때에는 흙탕물을 걱정하지 않아서 좋다. 설령 급한 마음이거나 시간의 부족으로 뛴다 해도 황토의 맨땅을 밟는 것처럼 걱정하지 않아도 된다. 기껏해야 아주 묽은 죽 같은 선명하지 못한 회색의 흔적만 남을 것이므로.

길을 떠났다. 도심의 생활에 익숙해진 심신의 나약을 벗어나듯 차를 몰았다. 시간여를 달려 도착한 곳은 천성산 아래의 유서 깊은 비구니 사찰인 내원사 입구였다. 바깥바람의 서릿발 같은 냉기와는 반대로 차창으로 바라보는 계곡은 겨울이어도 결코 춥게 느껴지지 않았다. 중간쯤에 차를 세워 놓고 계곡을 거슬러 오르는 길은 별세계에 온 듯 아름답고 멋졌다. 꽃같이 화려한 아름다움이 아니라 계곡의 나무와 산이 만들어낸 아주 맑은 바람과 때 묻지 않은 대지의 순일한 아름다움이다.

군데군데 보드라운 자연의 흙길을 파내고 석조물과 아스팔트를 깔았다. 없어져 버린 흙길이 안타까운지 아직 아스콘의 냄새가 많이 묻어 나왔다. 청정도량을 올라가는 나그네 발길에는 호사스러운 일이지만 호젓한 길을 찾아 떠난 길이라 결코 좋을 수만은 없다. 무엇을 위해 흙을 덮고 나무를 잘라내 수백 년 묵은 고목의 숨통을 짓누른 것일까. 잠깐의 방문객을 위해 만들었다면 과유불급이고 스님들의 쉬운 발걸음을 위해 그렇게 하였다면 더 큰 잘못이다. 더구나 호젓한 산사의 아름드리나무와 계곡을 걷고 싶어 자연을 찾는 이들에게는 재앙이나 다름없다.

계곡을 우측으로 하고 걷는 길엔 소나무 냄새가 진하다. 굵은 참나무들의 울퉁불퉁한 몸피조차 기분 좋은 산길이다. 내원사가 바라 보이는 곳에 이르자 스님이 겨울을 대비해 장작을 쌓고 있었다. 그냥 가도 좋을 것을 공연히 서성거리며 아직도 짙은 송진 냄새를 풍기며 마르고 있는 소나무장작에 코를 실룩거리며 냄새를 맡아보았다. 익숙한 냄새이면서도 아주 오랜만에 느껴보는 안온한 냄새다.

겨울이 오면 아버지는 고향으로 돌아왔다. 부산에서 회사를 다녔던 아버지는 매해 겨울이 되면 가족들의 난방을 위해 며칠 간 다녀가셨다. 일 년에 몇 번 보지도 못하는 아버지를 따라 산으로 올라가며 우리는 신났다.

굵고 키가 큰 홍송들이 빽빽하게 들어선 산에 올라 입항조 산소에 서면 동해 바다가 멀리 보였다. 아버지는 톱을 들고 솜씨 좋게 아름드리나무를 잘랐다. 수십 척이나 되는 고목은 넘어지면서 짙은 송진 냄새를 냈다. 여기저기에서 몇 그루의 나무를 자르고 나면 온 산에서 바람을 타고 기분 좋은 냄새가 코끝을 스쳤다. 톱으로 자른 나무의 단면에서는 나이테를 따라 송진이 묻어 나왔다. 어떤 향수에 비할 수 없을 만큼 좋은 소나무 냄새가 났다. 잘라낸 소나무들을 일정한 크기로 잘라 도끼로 쪼갰다. 결이 고운 홍송은 도끼만 닿으면 듣기 좋은 소리를 내며 쪼개졌다.

점심때가 되면 사방에 우물 정자 모양으로 나무들이 켜켜이 쌓이기 시작했고 쌓아놓은 나무를 바람막이 삼아 볕 좋은 그곳에서 우리는 도시락을 먹었다. 그래서일까. 나에게 홍송의 향은 더 특별하게 다가오는 것이 아닐까도 싶다.

내원사는 높은 산들이 사방으로 둘러쳐진 곳에 있다. 고개가 아플 정도로 고개를 젖혀야 하늘을 볼 수 있다. 가파른 산때문에 절해고도에 갇힌 사람처럼 외롭고, 산속에 갇혀 동전구멍만한 하늘만 바라보며 진리를 향한 여정을 계속한다.

참 나를 찾아 끝도 찾기 어려운 화두 하나 달랑 들고 면벽하는 모습을 생각해보았다. 나의 몸은 겨울 산의 냉기를 내가 맞는 것처럼 가슴이 저렸다. 사람인 이상 방법은 달라도 끝없는 의문으로 나를 찾아 가는 것은 승이나 속인이나 매한가지 아닐까. 외딴 산속에서의 외로움과 더디기만한 진리를 향한 여정은 결코 쉬울 수 없을 것이다. 승도 사람인 이상 야밤삼경 칠흑 같은 어둠과 비수 같은 냉기에 마음이 수없이 흔들릴 것이다.

해질 녘 잔양이 산 중턱을 물들일 태세다. 때마침 동안거에 든 스님들이 석양을 맞으며 마당으로 나왔다. 마당 가장자리로 가끔씩 방향을 바꾸어 가며 돌고 있다. 살을 에는 냉기에 옷을 여미기보다 생각에 골똘한 모습이다.

저들의 번뇌도 도끼 앞에 쓰러지고 쪼개져 화덕 속에서 활활 형체 없이 탈 수 있다면…….

어떤 봄

어떤 일이든 되풀이하면 면역이 생기고 둔감해지기 마련이다. 그런데 유독 계절의 감각만은 세월이 더할수록 예민해진다. 자연의 변화에 민감해진다는 것은 나이 탓 일수도 있고 또 그만큼 외롭다는 뜻이기도 할 것이다.

지구 온난화의 영향으로 이제는 계절의 구분이 모호해 지고 있다. 특히나 짧은 봄이나 가을은 체감하기가 어려울 정도다. 아, 봄이구나! 탄성을 내 뱉는 것도 잠깐 수은주는 걷잡을 수 없이 올라가 여름인지 봄인지 모호해져 버리기 일쑤다.

너나없이 바쁜 생활, 빠르게 변화하는 계절 앞에 점차적으로 봄은 실체를 알 수 없는 풍경과 이미지로만 남을지도 모르겠다. 기억 저편에 오롯이 남겨져 있는 화전놀이처럼 말이다.

냇가에 갯버들에 물이 차오르기 시작하면 개나리 매화 벚꽃 배꽃이 피고 진달래가 온 산을 연분홍으로 물든다. 혹독했던 겨울을 보상하기라도 하듯 다투어 피는 꽃과 새싹들의 기운이 승

하면 화전놀이가 시작될 때이다.

날이 정해지면 온 동네 사람들의 얼굴에 화색이 돈다. 겨우내 움츠렸던 몸을 춘삼월을 맞아 꽃피듯 활짝 펴게 만드는 것이다. 옹기종기 모여 지난 이야기를 나눌 기회일 것이며, 이 날만은 아무리 흥에 겨워 놀아도 흉이 되지 않는다. 웬만큼 볼썽사나운 행동도 짐짓 모른 척 눈감아주는 미덕도 있는 날이다. 아이들은 아이들대로 신나고 화전놀이를 앞둔 어른들의 인심은 더 없이 후해진다.

화전놀이의 시작을 알리듯 장구소리 들리면 뒷산 야트막한 곳에서는 잘 익은 막걸리가 돌고, 나이 지긋한 할머니들은 어깨를 들썩이며 신명을 낸다. 솜씨 좋은 젊은 아낙들은 화전을 지지면서도 신이나 웃음꽃이 골을 타고 멀리멀리 마을을 감돌아 퍼진다.

봄을 맞은 마을엔 활기가 돌고 노소가릴 것 없이 엉덩이만 들썩여도 연방 깔깔 웃음을 만든다. 늙은 할아버지들도 흥에 겨워 마신 막걸리로 얼굴이 불콰하니 춘색 같은 화색이 돈다. 어디 그뿐이랴, 조무래기들은 먹을 것 많고 평소와 다르게 인심 좋은 어른들 때문에 버들피리 만들어 부는 데도 신명이 절로 난다.

산천은 노래 소리로 들썩이고 연분홍 진달래는 불붙듯 바람에 흔들린다. 무르익은 봄별 따라 춤과 노래는 절정으로 치닫는다 흐느적거리는 사람이 하나둘 생길 즈음이면 해가 뉘엿뉘엿 산머리에 걸린다. 화전놀이가 끝난 언덕 구릉에는 석양빛에 물든 붉은 진달래가 바람에 흔들리고, 굽이굽이 언덕길을 돌아 내려오는 길목과 냇가에는 물오른 갯버들이 지키고 섰다. 들판에 살랑이는 바람에 보리들의 끊어질 듯 흔들리는 모습이 애절하다.

먼 산 봄기운이 아지랑이를 피워 올리면 엄나무는 그때서야 참았던 기운을 뻗친다. 대나무 장대에다 낫을 묶어 걸고 당기면 이파리는 마치 화려한 꽃처럼 바람따라 떨어진다.

검게 그을린 부엌문을 삐걱 소리 나게 밀고 들어간다. 커다란 무쇠 솥 두 개가 보이고 허술한 부엌의 미닫이 문틈으로 장독간이 보인다. 대나무 울타리에서 부는 바람소리가 서걱서걱 소리를 낸다. 부엌 뒤에 있는 목이 긴 항아리에 켜켜이 앉은 먼지를 솔가지를 뭉쳐 툭툭 털면 먼지와 거미줄이 걷히고 검붉은 옹기가 제 모습을 찾는다. 주둥이를 꽉 잡고 마개를 돌리면 걸쭉하게 발효된 시큼한 막걸리 식초가 코를 찌른다.

틈틈이 먹고 남은 농주를 넣어둔 항아리에서는 시큼 텁텁 쌉싸름한 냄새가 난다. 윗물 아래물이 골고루 섞이도록 휘휘 돌려 하얀 사발에 부으면 꿀렁꿀렁 궁근소리를 내며 쏟아지고 색깔도 유백색으로 예쁘다. 고추장을 듬뿍 풀고 마늘을 찧어 넣고 파도 쫑쫑 썰어 넣으면 때깔도 곱게 새콤달콤한 맛을 낸다.

갓 딴 엄나무의 부드러운 잎만을 골라 똑똑 따 두었다가 무쇠솥에 물이 끓으면 커다란 감나무 주걱을 넣어 휘저어 살짝 데쳐서 내면 연두색 물감이 든 듯 색깔이 곱다.

상에 오른 다섯 잎 엄나무 이파리는 겨우내 숨죽인 입맛을 깨우는 동시에 부족한 비타민을 보충하는 중요한 매개였다.

해마다 봄이면 엄나무에 물이 오르고, 실개천 수양버들이 물을 한껏 뽑아 올리던 기억을 되살린다. 매화꽃, 복숭아꽃, 살구꽃이 만발하던 그 봄을 …….

오래되어 좋은 것

오래되어 좋은 것은 포도주와 친구라고 말을 하는데 그것은 익숙하고 편안한 상태를 말하는 게 아닌가 싶다. 포도주도 술이니 익는 시간이 필요할 터이고, 친구도 서로를 이해하는 데 시간이 필요하니, 이를 염두에 두고 그럴 것이다. 처음에는 어리고 여린 것에 세월이 더해 절정을 맞고, 시간이 지나면 소멸의 단계로 접어드는 것이 만물에 공통적으로 적용되는 것이듯 말이다.

그 지방의 풍토와 습성 따위의 것이 어우러져 자연스럽게 만들어져 터를 잡은 것이 특산물이다. 바다가 있는 곳에서는 해산물이 자연스럽게 특산물이 될 수밖에 없고, 또 산을 터전으로 살아가는 사람들에게는 산채를 비롯한 온갖 물품들이 주가 될 수밖에 없다. 또 넓은 평야를 끼고 있는 곳에서는 평야의 부산물이 당연하게 그 지방을 대표하는 특산물이 되는 것이다.

그리하여 특산물은 자연스럽게 그 지방의 전반적인 음식에 영향을 끼치게 되는 것은 물론 자연히 상차림에도 빠짐없이 오르게 된다. 특산물이 그 지방의 고유한 물품이듯이 지역에 따라 잔칫상에 오르는 음식들도 다소의 차이가 있고 또 제사상에 오르는 물품도 조금씩 다를 수 있다.

강원도의 제사상에서는 돌문어가 빠짐없이 올라야하고 전라도의 잔칫상에서 홍어가 없어서는 안 될 특별한 것으로 친다. 그리고 경상도에서는 드물게 돔배기라는 상어 고기를 쓴다. 그것들이 빠지면 그 지방에서는 잔칫상 혹은 제사상이 잘 차려졌다고 하기 어렵다고 말한다. 지리적으로 남다른 환경은 특산물을 만들어내고 오랜 시간을 거치면서 이용방법을 배우고 발전시키면서 상차림에까지 영향을 끼쳐 자연스럽게 상에 나타나게 된 것이라 하겠다.

남도를 대표하는 특산물 중에 하나인 홍어는, 흑산도에서 잡힌 것을 최고로 친다. 일반적으로는 생선은 신선도에 따라 가격이 결정된다. 하지만 요놈은 살아있는 것보다 죽어서 삭혀진 것을 더 쳐주고, 삭혀야 제 맛을 내는 대표적인 것 중에 하나다. 먹기 좋게 토막을 내고 짚을 깐 항아리에 넣어 밀봉하여 일주일 정도 지나면 짙은 암모니아 냄새를 풍기며 익는다. 그것을 꺼내어 요리를 하는데 홍어와 삶은 돼지고기와 묵은 김치가 어울리면 삼합으로 유명하다.

그런가 하면 포항 영덕 인근에서는 대게가 유명한데 요즈음은 그에 못지않게 과메기가 눈길을 끈다. 원래 관목어(뚫을 관貫 눈 목目 고기어魚)란 말이 과메기가 되었다는 설이 있는데, 포항지방 인근에서 청어가 많이 잡혔던 모양이다. 갯가에 지천으로 버려졌던 청어가 북풍한설에 '얼었다 녹았다' 를 반복하다 우연히 그 맛의 비밀을 알게 되어 유명해진 것이다.

무릇 온갖 고기는 신선도를 첫째로 친다. 그런데 그 두 가지에서 삭혀진 맛을 제대로 찾아내지 못하였다면 과연 지금같이 많은 사람들의 사랑을 받을 수 있을까. 우리 주위에는 홍어와 과메기처럼 신선한 재료로 숙성시켜서 오히려 사랑받는 것들이 꽤나 많다.

물과 쌀, 누룩이 더해져서 막걸리가 되고 보리가 싹이 나서 질금이 되고 그것이 발효되고 졸여져 조청과 엿으로 탄생한다. 메주가 곰팡이를 만나 간장과 된장이 만들어지는가 하면 땅속 깊이 묻어둔 김장김치는 대지의 기운으로 곰삭아 특별한 맛을 만들어 낸다.

발효된 음식은 이뿐만 아니다. 동해와 남해는 바다를 끼고 있어서 어자원이 풍부하고 해산물도 발달했다. 동해는 멸치가 많이 나서 멸치를 삭혀 젓갈을 만들었고 서해에는 패류와 새우가 많아 새우젓갈을 기본양념으로 썼다. 그래서 지리적으로 가까운 경상도나 전라도 강원도 등의 김장김치는 멸치 삭힌 맛으로 구수하다. 거기에 비해 서해 인근이나 서울의 김치 맛은 새우나 까나리를 기본양념으로 쓰기에 맛이 깔끔하다. 산지와 지리적으로 가까운 곳에서 나는 해산물은 어떤 형태로든 영향을 주기 마련이다. 멸치젓과 새우젓 혹은 까나리 젓갈의 권역이 자연스럽게 나누어지게 된 것이다.

늙는다는 것은 마무리의 시간인 동시에 완성하는 시간이다. 호박은 늙어서야 제 모습이 빛나는 것인데, 풋내 나는 애호박들이 도저히 가질 수 없는 가치를 지니게 된다. 우선 황금 들녘을 그대로 옮겨 놓은 듯 누렇게 익은 모습은 풍성하고 평화롭다. 튼실하게 잘 익어 누런빛이 감도는 것을 부엌칼로 반으로 잘라 씨를 발라낸다. 숟가락으로 대략 속을 긁은 다음 채칼로 곱게 긁거나 잘라 죽과 전, 떡을 만드는데 그 깊은 맛을 늙은 호박이 아니면 죽었다 깨어나도 낼 수 없다.

그것만 아니다. 곰삭은 김치는 적당한 온도로 달군 프라이팬에 식용유를 두르고 김치전을 만들어 먹으면 맛이 기막히다. 거기다 잘 익은 김치를 이용해 김치찌개를 끓이면 그 깊은 맛에 탄성이 절로 난다. 풋내 나는 겉절이나 생김치로는 도저히 흉내 낼 수 없는 오묘하고 깊은 맛이다.

오래되고 묵은 것에 대한 새로운 해석인지 아니면 제대로 된 가치를 알아주는 것인지 모르겠다. 근자에 언론이 전하는 바에 의하면 수십 년 된 된장과 간장이 금값보다도 더 비싸게 가격이 매겨졌다고 한다. 의도하지 않았다 하더라도 오래된 것에 대한 바른 대접이라면 얼마나 다행스럽고 바람직한 일인지 모르겠다.

그렇다고 반드시 오래된 것만이 최고의 가치를 지니는 것은 아니다. 발효나 숙성을 거쳐 절정을 맛을 낼 수 있어야 한다. 아무리 오래되었다 해도 의도한대로 그것을 쓸 수 있느냐 없느냐에 따라 가치를 달리한다. 발효가 잘되면 곰삭은 것이 되지만, 그 단계가 지나치면 상하거나 썩은 것이 된다. 썩은 것이라고 쓰임새가 없는 것은 아니지만 먹을 수 있는 발효나 감칠맛에 비할 바는 못 된다.

푸릇하거나 신선한 절정은 지났지만 깊은 속맛을 내는 것이 숙성이다. 그러나 숙성의 단계를 넘지 못하거나 이르지 못하게 되면 부패하게 되어 도태되는 것이 자연의 이치다. 즉 유용한 시간과 정성은 감칠맛을 만들어내지만 무용의 시간은 생산적인 활동을 못하고 퇴보나 퇴색한다는 말이다.

오래되었다는 것은 늙은 것이다. 늙었다는 말은 절정을 놓쳤다 혹은 지났다는 말이다. 그러나 늙었다고 반드시 도태로 귀착되는 것도 아니고, 오래 되었다고 모두 곰삭은 맛을 내는 것도 아니다.

사람도 이와 같다. 육신의 기력이 고갈되어 생산적인 용력은 더 이상 못쓴다 할지라도 역경을 버텨 온 지혜의 눈과 힘을 유익하게 쓸 수만 있다면 그것은 늙고 초라한 것이 아니라 숙성이고 감칠맛이 아니겠는가 싶다.

오래된 물건이 대접받는 것은 골동품이 되는 것이고, 대접받을 물건이 아니면 고물에 지나지 않는다. 사람도 이와 같아서 늙어서 대접받을 수 있는 것은 스스로의 가치가 인정될 때고 지켜냈을 때다. 누천년의 세월을 한 자리에서 버티고 서 있는 나무는 세월의 무게만으로도 외경의 마음을 가지게 하듯 사람도 이와 같이 될 수 있으면 좋겠다. 늙는다는 것만으로도 넓고 크며 넉넉한 그늘을 만들 수 있다면 더 없이 좋을 것 아닌가.

음주 유감

황령산 터널로 들어가기 직전이다. 쓰던 카드에 잔고가 부족해서 충전하려고 우측 차선으로 접어드는데 음주 단속 경광등이 반짝이고 있었다.

내가 서 있는 차선 앞에도 교통경찰관 몇 사람이 부산하게 움직이고 있었다. 장난기가 발동한 나는 옆자리에 동석한 지인을 보며 '시원하게 한번 불어줄까요?' 하며 너스레를 떨었다.

이윽고 차례가 되어 음주 측정을 하게 되었다. 자신 있게 후~ 하고 불었더니 경고음이 길게 울렸다. 깜짝 놀라 입안을 물로 헹궈내고 다시 시도했지만 처음처럼 경고신호만 확인 될 뿐이었다. 경찰관들도 여러 번의 시도로 점점 심증이 굳어지는지 선생님께서 술을 드시지 않으셨다고 하시니 잠시 가셔서 확인을 하자며 차에서 내릴 것을 요구했다.

그들의 말은 정중했으나 나에게는 심증을 굳히는 의미로 다가왔다. 하기야 하루에도 수없이 많은 사람을 단속하고 별의 별 사람을 상대하는 그들에게 나와 같은 사람이 어디 한 둘이겠는가. 술을 마신 사람들은 필사적으로 음주한 사실을 감추기 위해서 연기하는 사람도 많을 것이다. 오늘 나도 그들에게는 핑계를 대며 빠져나가려는 사람으로 보일수도 있겠다 싶었다.

그때서야 나는 사태의 심각성을 깨닫고 찬찬히 생각을 더듬어 본 결과 식물 효소 액을 일주일 째 먹고 있다는 사실이 생각났다. 상황설명을 하고 차 뒷좌석에 있는 병을 꺼내어 보여주었다. 경찰관이 병을 유심히 살펴보다가 발효된 것이네요. 하며 음주 재측정 검사차량으로 동행하기를 요구했다. 원인이 밝혀졌는데도 검사를 해야 하느냐는 나의 물음에 경찰은 "선생님, 술을 드신 게 아니라도 알콜을 섭취하고 운전하시면 안 됩니다." 나는 더 이상 거부할 수 없어 순순히 따라갔다.

검사를 하기 위해서 대략 다섯 차선을 건너 반대편 경찰차에 앉으니 전날 새벽까지 술을 마셨다는 한 사람이 마주 앉았다. 음주 수치에 따라 면허 취소나 정지 일수에 관한 간단한 설명을 들었다. 사람 마음이 묘한 게 들어 올 때 술을 마시지 않았다는 당당함은 온데간데 없어지고 슬슬 불안감이 몰려왔다. 이거 잘못하다간 재수 없게 술 한 잔 마시지 않고 음주단속에 걸려 면허취소 되는 것이 아닐까 하는 불길한 생각이 들었다.

경찰관은 음주측정기 필터를 새것으로 갈아 끼우며 한 번 밖에 검사를 할 수 없음을 고지하고, 불복한 경우에는 혈액을 채취하는 방법도 있다고 했다. 새벽까지 술을 마셨다는 옆 사람은 수치가 낮아 방면되고 내 차례가 되자 무죄를 항변하듯 있는 힘껏 불었다. 꾀부리지 않고 힘껏 불자 경관이 의아한 모습으로 물었다.

"선생님, 술 드셨습니까?"

"아뇨, 저는 술을 한 방울도 못 마시는 사람이올시다."

했더니, 경찰관은 0.0000이라는 숫자가 찍힌 측정기를 의아하다는 듯 들여다보더니 가도 좋다고 했다. 졸였던 마음을 일순간에 풀었다. 때때로 추오의 의심 없이 했던 일들도 때로는 착오가 생길 수 있다는 생각을 하면서 차를 몰았다. 일이 거기서 끝이었으면 얼마나 좋았으랴. 지인을 내려주고 한 시간 쯤 뒤에 집으로 돌아오기 위해 같은 장소를 지나치게 되었다.

새벽 한시가 가까워도 음주 단속은 계속되고 있었다. 이것 참 귀찮게 생겼구나 하는 순간에 아니나 다를까 측정기에서는 경보음이 또 울렸다. 같은 일을 반복하고 싶지 않았다. 대략 한 시간 전쯤에 반대편에서 음주 측정했으니 확인하라며 면허증을 건네주었다. 마침 의경 한 사람이 나를 알아보고 보내주었다.

곡물을 발효시키거나 과일을 숙성시켜 얻어낸 것이 술이다. 술은 사람을 생각과 행동을 극대화 시키는 능력이 있다. 막걸리 한 잔으로 노동생산력을 극대화시키기도 하고, 서먹한 이웃들과 술 한 잔으로 화기애애한 분위기로 반전시키는 것도 술의 긍정적인 단면이다. 거기에 비해 알콜만 들어가면 폭력적으로 변하거나 행동이 평소와 극단적으로 달라서 사람이라 부르기 어려운 이들도 간혹 있다. 술은 긍정과 부정적인 면을 함께 가지고 있으나 사람과는 떨어질 수 없는 관계인 모양이다. 지구촌 어느 곳에 가더라도 종교적인 이유로 금하는 곳 이외에는 술이 없는 곳이 없다. 또 만드는 방법과 종류도 헤아릴 수 없을 정도로 많다.

나는 한 방울의 술도 마시지 않는다. 못 마실 이유도 없지만 먹어야할 만큼 절실한 이유도 없다. 굳이 이유가 있다면 알레르기가 있어서 한 잔만 마시면 얼굴이 빨개지고 온 몸에 두드러기가 생겨 고생을 한다. 그렇다고 그것이 결코 술을 마시지 못할 이유는 아닐 것이다. 왜냐하면 나와 같은 조건인데도 불구하고 억지로 마셔 적응된 사람들을 꽤 많이 보았기 때문이다.

가끔 술 못하는 남자와는 상종도 않는다는 사람들이 있다. 그들의 주장은 사람이 술도 먹고 풀어져야 사람간의 벽도 허물어지고 사람 냄새가 난다는 것이다. 어느 정도 맞는 말이지만 그렇다고 건강상의 이유로 혹은 알콜에 적응되지 않는 생체적 특성까지 무시해가며 마셔야 하는 이유는 되지 못한다. 단 한 잔의 술로 졸도에 이르게 되는 사람도 있고, 또 술만 들어가면 호흡 곤란으로 응급실에 실려 가는 사람도 있다. 술은 반드시 마셔야 하는 것도 아니고 마시지 않아야만 되는 것도 아닌 기호와 선택에 맡겨야할 문제다. 술을 못 마시거나 마시지 않는다고 사람들을 경원시하는 것은 어떤 이유에서든 긍정할 수 없다. 당자의 건강이 허락하고 본인의 의사에 따라서 선택할 수 있는 문제이다.

술은 인류에게 없어서는 안 될 명약이며, 매일 조금씩 적당히 먹으면 그보다 좋은 보약이 없다며 긍정론을 펴는 사람들도 많이 만난다. 그러나 적당히 혹은 알맞게 한다는 일이 어디 그리 쉬운가. 술을 알맞게 마시는 사람들만 있다면 굳이 교통흐름을 방해하며 일일이 역한 냄새를 맡는 수고는 하지 않아도 되지 않을까.

디지털과 아날로그

이사를 며칠 앞두고 짐정리를 하던 중이었다. 책꽂이 맨 아래칸에 어림잡아도 200장은 족히 될 것 같은 레코드판에 눈이 갔다. 가끔 추억을 꺼내어 보듯 한 장씩 꺼내 먼지를 닦으며 소리를 듣곤 했는데, 이젠 하루가 다르게 변해가는 디지털시대에 아날로그 판을 들여다보며 추억하는 일이 버거운 일로 느껴진다.

첨단이라는 디지털 시대에 살면서 아직까지 아날로그 적인 것에 더 익숙하고 친근한 애정을 가지고 있는 나를 구식이라고 불러도 할 말이 없다.

청바지와 통기타가 젊음을 대변하던 70년대, 야외전축은 젊은이들에게 최고의 사랑을 받았던 적이 있었다. 내 또래가 대게 그러했듯 나도 온전한 야외전축 하나를 가지고 싶다는 꿈을 꾸었었다. 그러나 경제적으로 어려운 나에게 있어 야외전축은 언감생심 그림의 떡이나 마찬가지였다.

굵은 건전지 몇 개만 넣으면 장소가 어디건 신통하게 고고나 트위스트의 흥겨운 리듬으로 내 혼을 쏙 빼놓던 야외전축! 간혹, 바닥이 고르지 않으면 곱지 않은 소리를 내며 돌아가기도 했었지만 그런 것조차 멋있게 보여 내가 정말로 가지고 싶어 했던 물건 중 하나였다.

야외전축을 만나고 나서야 나는 레코드판을 알게 되었다. 형이 빌려온 야외전축을 몰래몰래 들었는데, 오직 건전지로만 작동되는 야외전축은 조금만 틀어도 건전지의 수명이 다해 힘없는 소리를 내고는 했다. 결국 나는 건전지를 감당할 수 없어 표시나지 않을 만큼만 몰래 숨어서 듣고는 했다.

야외전축이 가장 대접받을 때는 여름캠프와 가을소풍 때였다. 말갛게 높은 가을 하늘을 보며 야외로 소풍가는 날은 잠을 설치기 일쑤였다. 야외로 소풍을 간다는 것만으로도 마음이 풍선처럼 부풀었다. 나는 날이 밝자마자 후다닥 일어나 학교로 달려갔다.

점심시간이 되면 아이들은 급히 식사를 하고 하나 둘 야외전축 주위로 모여들기 시작했다. 야외전축이 켜지고 레코드판이 올려 지면 상하이 트위스트나 모리나, 키폰 러닝 따위 음악이 흘러나오면 아이들은 기다렸다는 듯이 흐느적거리며 춤을 추기 시작했다. 티 없이 맑은 가을 하늘 아래서 풀풀 흙먼지 일으키며, 벌판에 가득 울려 퍼지던 야외전축의 소리를 잊을 수 없다.

요즘 CD에서 나오는 음악은 음질이 깨끗하여 좋긴 하지만 기계적인 음악이라 마음에 깊은 여운을 느끼지 못한다. 흐린 날이나 맑은 날이나 조금의 틀림도 없이 같은 소리를 반복 재생하는 로

버트 같은 소리에 감정이입이 되지 않아서이다. 같은 소리를 내뱉는 음악이라도 레코드판의 소리는 주변에 환경에 따라서 느낌이 많이 달랐다. 비오는 날은 좀 눅눅한 듯 소리를 냈고 맑은 날은 은쟁반에 옥구슬 구르듯 맑은 소리를 냈다.

아날로그 세대인 나에게 깨끗한 음질에 화려한 디지털 기계음은 왠지 내 옷이 아닌 남의 옷을 빌려 입은 것 같은 느낌이 든다. 디지털 음악은 화려하고 깔끔한 느낌은 있어도 정감과 어깨를 덩실거릴 흥과 신명을 느끼기는 어렵다. 손으로 만든 물건과 기계로 만든 상품과 같은 차이를 느끼는 것인데 어떻게 보면 간혹 들리던 야외전축의 잡음은 손 때 묻은 오래된 물건처럼 인간미를 느끼게 한다.

어느 날 방송국에 근무하는 지인이 라이브 카페를 정리하며 전축과 믹싱기를 나에게 선물로 주었다. 음악 전문가인 그 사람이 준 오디오는 음질이 좋고 시디와 테이프를 동시에 두 개씩을 넣을 수 있도록 된 전축이었는데, 아쉬운 건 턴테이블이 없다는 것이었다.

테이프로 음악을 들으면서도 레코드판으로 들었으면 어떨까 생각했고, 잡음 하나 없이 맑은 CD를 들으면서는 레코드판 특유의 지지직거리는 소리가 들리는 듯 착각이 일었다.

내가 둔감하여 그런지 몰라도 음질 좋은 음악을 들으면 들을수록 더불어 짙어가는 레코드판의 소리를 잊지 못해 결국 같은 종류의 턴테이블을 구해 달기로 했다. 그러나 전원이 맞지 않았던 건지 잔뜩 기대하고 전원을 넣었더니 퍽 소리와 함께 턴테이블은

못쓰게 되어버렸다.

나는 아직도 레코드판을 바라보며 그리움을 달래고 있다. 그까짓 턴테이블 하나 못살 정도의 형편도 아니건만 소중하고 그리운 것은 그대로 두고 즐기고 싶다. 사람냄새가 그리울 때면 책장에 가지런히 꽂혀있는 레코드판을 꺼내어본다. 세련되지 못해 더 가슴으로 와 닿는 소리는 고향처럼 푸근하다.

가끔 레코드에서 나는 소리가 듣고 싶을 때는 집에 있던 턴테이블을 가져다 얼마간 들었는데, 그마저도 고장이 나 버렸다. 고쳐볼까 하고 수리공을 불러 보았지만 오래되어 부품을 구할 수 없다고 했다. 나날이 좋은 물건들이 쏟아져 나오는 때에 그깟 구식 전축 하나 가지고 뭘 그리 궁상을 떠느냐는 뉘앙스를 남기고 수리기사는 돌아가 버렸다

그러나 나에게 있어 전축과 레코드판은 어디에서건 쉽게 사고팔 수 있는 물건 이상의 의미가 있다. 내 젊은 날, 지나간 시간의 냄새를 맡고 느끼고 싶기 때문이다.

레코드판을 만져본다. 언제 다시 그리운 소리를 들을 수 있을지는 모르지만 레코드판이 나에게 있다는 것만으로도 뿌듯한 위안이 된다. 지직거리는 잡음이 섞인 소리가 많이 그립다.

그리고 세월

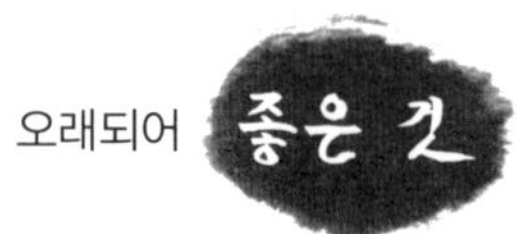
오래되어 좋은 것

먹는다는 것

본능으로 사는 사람은 먹는 시간을 따로 두지 않는다. 배가 고프면 먹고 아니면 먹지 않는 생리적 원초에 바탕을 둔 생활이기 때문이다.

언제부터 하루 세 끼의 식사가 당연시 되었는지 모르겠다. 몸이 인식하지 못하는 가운데 일정한 시간을 정해서 먹는 규칙적인 식사가 어떨지 모르겠다. 몸이 반응하고 나서 즉 배가 고파서 먹는 것과 그것과는 상관없이 일정한 시간을 정해 먹는 것과의 우열 말이다.

음식을 아껴서 먹고 절약해서 나누자는 이야기가 나오면 소말리아나 아프리카에서 기아에 허덕이며 생명이 촌각에 달린 사람들의 화면을 보여준다. 몸이 야위어 마치 말려놓은 북어처럼 피골이 상접한 그림이다. 동양인들에 비해 유난히 큰 눈동자와 흰 치아를 가진 아프리카 사람들이 검은 피부색과 대비되어 더욱 측은지심을 불러일으킨다. 그 순간 우리는 악어의 눈물 같은 감정을 갖게 되는데, 대다수가 마음에서 우러나는 것이 아니라는 것이 문제다. 시각적이고 즉흥적인 잠깐의 슬픔은 가슴이나 마음으로 전달되지 못하고 화면이 지나가면 그 감정도 언제 그랬냐는 듯 잊어버린다.

보릿고개라는 말은 옛 이야기라 해도 춘궁기는 여전히 있었다. 배가 고파 허기가 지고 그 뒤에는 배가 아파오면서 뒷산 아지랑이를 바라보는 눈이 빙빙 돌았다. 뻐꾸기 울면 햇볕이 곱게 드는 채마밭에서는 재를 덮어쓴 붉은 상추가 뾰족뾰족 솟았다. 이른 배고픔으로 처마 끝에 걸린 대바구니에 삶아 놓은 보리쌀에 눈이 절로 갔다. 시장이 반찬이라고 퍼석하고 까끌까끌한 보리밥도 여린 상추 잎 몇 장을 놓고 된장을 올려 쌈을 싸서 먹으면 꿀맛이 따로 없었다.

먼 산 아지랑이가 흐릿하게 보이고, 막 먹은 불상추가 눈꺼풀을 무겁게 누르면 뒷산 뻐꾸기 소리가 아득하게 들렸다. 스르르 잠이든 대청마루에는 온갖 꽃향기가 바람에 실려 다녔다. 달디단 잠을 자고 부스스 눈을 뜨면 밭 매고 온 어머니가 저녁 보리쌀을 삶았다.

상추를 많이 먹으면 잠이 온다는 어머니의 말에 머쓱하게 일어나 앉으면, 저녁에는 엉개나무(엄나무) 이파리를 따먹자 하신다. 돌담 양옆으로 있는 엄나무 어린 싹들은 연초록으로 손가락을 닮았다. 대나무 장대에 새끼줄로 낫을 묶고 당겨 잎사귀를 따는데, 여린 줄기를 골라 위에서 아래로 낫질을 하면 여러 개의 줄기와 잎사귀들이 바람타고 살랑살랑 떨어진다. 향긋한 꽃바람 냄새와 막 넘어

가는 햇살을 받으며 부엌 뒷문에 먼지를 잔뜩 둘러쓰고 앉은 항아리를 찾는다. 성근 빗자루로 서너 번 거미줄을 걷어내고 짚으로 쓱쓱 문질러 짙은 갈색, 묵은 초병 항아리를 열면 발효된 막걸리 초 냄새가 코를 찌른다.

문화는 의식을 깨우쳐 마음을 움직이게 하고 그것을 고착시켜 습관이라는 연속적인 행동을 만든다. 몸이 반응하여 먹느냐 아니면 시간을 정해 일정한 때에 식사를 함으로서 몸이 자연스럽게 적응하고 따라오게 만드는 것이 좋으냐는 부차적인 일이다. 소말리아나 아프리카처럼 없어서 못 먹는 것은 불행한 일이다. 우리도 먹을 것이 부족하여 '무엇이든 배부르게 먹을 수 있다면' 하고 바라던 때가 있었다. 언제 어디서 누구와 먹든 배가 고파서 먹든 시간을 정해서 먹든지 그 문제보다 행복하게 먹을 수 있고 그럴 수 있다면 행복할 것이 아닌가 싶다.

이제는 '누구와 어디에서 무엇을 어떻게 먹느냐.'가 고민인 시대가 되었다. 있는 것과 없는 것은 빈부의 차이고, 먹을 것이냐 말 것이냐 하는 것은 생각과 행위의 문제다. 풍족히 앞에다 두고 먹을 것이냐 말 것이냐는 선택의 문제이고 먹을 수 있느냐 없느냐는 생존의 문제다.

세상에 배고픔만큼 서러운 눈물을 만들게 하는 일은 있을 것 같지 않다. 엄동설한에 주린 배를 채우고 따뜻한 아랫목에 있는 것이 제일이던 때가 있었다. 하얀 쌀밥을 고봉으로 담아 고깃국과 함께 배 부르게 먹어보는 것이 소원이던 그때 말이다. 상전벽해, 이제는 코미디의 소재로 밖에 쓰일 것 같지 않은 이 이야기가 몇 십년 전 우리 이야기였다.

어느 아프리카 소년은 며칠에 한 끼 씩을 먹으며 생명을 이어가다가 자선단체의 도움을 받게 되었다. 그 아이에게는 하루에 한 끼 먹기도 어려운데 하루에 세 끼를 먹는 것을 이상하게 생각한다는 이야기를 텔레비전을 통해 본 적이 있다.

시간을 정해 하루에 세끼를 먹던지 배가 고프면 먹던지 그건 그리 중요하지 않다. 다만 수많은 빈국의 소년들보다 우리가 행복하다는 것만은 알았으면 좋겠다.

낙엽 그리고 마라톤

코끝을 스치는 바람이 차다. 바람이 얼굴뿐만 아니라 손이며 발을 지나 몸의 끝부분을 스치니 아리다. 낙엽이 떨어지는 절기면 동통처럼 찾아오는 불청객이다.

확실한 것보다 불확실하고 모호한 일이 많은 시대에 우리는 살고 있다. 낙엽이 뒹구는 이 계절도 가을과 겨울의 경계가 불분명하고 모호한 절기다. 굳이 따지자면 절기상으로 겨울이고 감성적인 인식에는 아직 가을이라 하면 크게 무리가 없지 싶다. 늦가을 혹은 초겨울이라고 하면 될까 싶은데 바람에 코끝이 싸늘하다. 재채기인지 기침인지 가늠이 되지 않게 몸이 반응하며 속을 썩인다. 알러지가 아니라면 감기가 올지도 모르겠다.

감기와 열정적 사랑의 공통점은 공히 독하다는 것에 있다. 사랑의 열병을 앓은 사람의 모습과 독감으로 신심의 기력이 고갈된 사람의 모습은 아마도 같을 듯싶다. 퀭하게 들어간 눈과 먼 곳을 응시하며 힘이 풀린 눈은 초점만 잡기 어려운 게 아니다.

산란한 눈의 흔들림은 실연한 사람의 것이나 독감으로 심신의 기력이 고갈된 사람의 형상은 비슷할 것 같다. 이제 몸과 마음에 독감이 가깝게 다가올 나이지만 사랑의 열병은 이미 과거완료형이 되어버린 것이 아닌가 싶다. 내 몸과 마음 어디에도 뜨거운 열정은 찾기 어려워져 버렸다.

떨어진 낙엽들이 포도를 휩쓸고 지나가는 것이 마치 무리지어 달려가는 마라토너의 날렵한 달음박질과 같다고 생각하는 것은 나만의 착각일까. 스스로의 의지대로 힘차게 달려가는 마라토너와 바람이 움직이는 대로 모였다 흩어지며 구르는 낙엽은 다르게 보일 수밖에 없는데도 말이다. 자의와 피동, 주체와 객체의 움직임이라는 차이가 확연하지만 낙엽과 마라톤을 인생에 비유하면 비슷한 점을 찾을 수 있을 것 같다.

낙엽은 가을과 겨울이 제철이다. 마라톤은 계절에 상관없이 할 수 있겠지만 춥고 더운 겨울과 여름을 빼면 봄과 가을이 달리기의 제철이 아닐까 싶다. 낙엽은 떨어지는 이파리라는 의미니 사계절 언제라도 있기 마련이다.

마라톤도 겨울과 여름에는 무리가 따른다. 겨울에는 호흡기병과 여름에는 일사병과 열사병에 걸리기 쉽기 때문이다. 결국 가을은 낙엽과 떨어질 수 없고 마라톤도 가을이 제격이 아닐까 싶다.

낙엽은 나무가 생명의 소임을 다하면서 생기는 자연 현상이다. 그리고 제 아무리 푸르고 멋진 잎을 가진 나무라 하더라도 때가 되면 온전히 제 몸을 간수할 수 없는 일이다. 낙엽은 잎이 있는 생명이라면 거쳐 가야 하는 고행의 길일 수밖에 없다.

마라톤도 인생에 비유되고 낙엽도 인생에 비유된다. 다만 마라톤을 인생의 전체적인 희로애락에 비유한다면 낙엽은 생명을 다해 꺼져가는 인생의 황혼기에 곧잘 비유한다는 차이다. 마라톤이 젊음과 지속적이며 폭발적인 열기에 가깝다면 낙엽은 인생의 절정을 지난 장년이나 말년에 곧잘 비유한다. 마라톤은 영광과 좌절을 이야기하지만 낙엽은 늘 황혼의 슬픔과 비애와 가끔은 멋진 낭만을 이야기하기도 한다. 그건 어디까지나 가을의 풍요 속에 애잔함을 숨기기 위한 방편이 아닐까. 어쨌거나 낙엽이라는 말에서는 우수 짙은 쓸쓸함이 배어 나온다.

인생은 멈추지 않고 나아가는 것이고 낙엽은 거리를 휩쓸며 계절의 끝, 소멸을 향해 달려 간다. 사람의 육신은 물론이고 만물은 자연에서 생성되고 생장하며 제 생명의 소임을 다한 날에는 자연으로 돌아가야 하는 숙명이다. 낙엽은 어느 한적한 나무 그늘에서 썩어갈 것이고 42.195km를 뛴 주자들은 일상으로 돌아와 새로운 내일을 기약할 것이다.

자연은 무한히 돌고 돌아 신생과 생장, 절정과 쇠퇴를 거쳐 자연으로 돌아간다. 내 것 네 것의 경계가 무의미하고 생로병사의 순간도 찰나일 뿐이며 희로의 순간도 달이 차고 스러져 기우는 것 같이 순환반복일 뿐이다.

물리적으로는 무리가 따르지만 앞으로 계속 걸어간다면 결국은 제자리로 돌아올 수 있는 것처럼 우리는 윤회라는 범주에서 돌고 돌아 생로와 희로의 순간적인 상황에 맞닥뜨려 있는 것이다.

주자들이 마지막 힘을 내어 결승점으로 달리고 스쳐 지나는 바람에 낙엽들이 소리를 내며 '흩어지고 모였다.'를 반복하고 있다. 오늘의 내가 반복되는 일상을 경험하듯 낙엽과 마라토너들도 나름의 반복을 하고 있는 셈이다. 결국 마라톤과 낙엽의 같은 점은 공히 달리고 구르는 것에 있고 결국은 흙과 골인지점으로 돌아가는 시한적 과정이라는 점도 공통점이다.

바람은 낙엽을 날리고 굴리며 지나가고 건각들의 발구르는 소리는 대지를 울려 바람을 일으킨다.

나이 든다는 것

가끔 난감하고 황당한 상황에 처하면 딱히 누구에게라고 할 수 없이 혼잣말을 하는 나를 발견한다. 나 자신에게 화를 내는 것처럼 자연에게 짜증을 내며 혼잣말을 중얼거릴 때도 있다. 언제부터라고 시점을 꼬집어 말할 수는 없지만 해볼 일도 없고 시도할 필요도 없는 행위가 자연스럽게 나오는 것이다.

젊음이 봄과 여름처럼 맑고 밝은 푸른색이라면 나이 든다는 건 무채색에 가깝다고 할 수 있지 않을까 싶다. 젊음처럼 선명하지 못하고 밝지도 못한 희미한 갈색이거나 희망을 내포한 색이 아니라 시간이 주는 바랜 색이다.

젊음이 자극성 많은 달콤하고 시큼하며 매운 맛이라면 늙음은 짜고, 맵고, 시고, 떫은맛이 사라지고 가라앉아 걸러진 무자극에 가까운 맛이다. 세월, 자연에 가장 친숙, 근접한 근원은 흙이다. 자극성이 없다는 말은 풍파를 다 겪고 난 이후의 적당한 포기, 관조 따위를 두루 간직한 평안이다. 자극 없는 담담한 맛은 세월이

주는 흙 맛이 아닐까 싶다.

흙은 자극이 없다. 애면글면 애타게 매달리지 않고 조급함이 없는 바위 같은 든든함이 있고 무던하다. 언제나 그 자리에 있으면서도 지겹거나 성가시지 않다. 눈에 또렷이 잔상을 남기지 않으면서도 늘 잊지 않고 기억하게 하는 태초의 요람 같은 것이다. 흙에서 흙으로 돌아가는 것이 자연이고 사람이다. '인자요산 지자낙수' 라는 말처럼 푸른 역동이 갯 맛이라면 산전수전 다 겪고 고요한 자연의 자극성 없는 평이의 무미는 흙 맛이 아닐까.

해가 더해질수록 동작은 굼떠 가고 시력은 가까운 것부터 멀어진다. 한때 가깝게 당겨서 보던 일이 이제는 눈에서 점점 멀어지게 놓아야 식별이 가능하다. 무섭지만 치매의 그림자 같다. 가까운 기억부터 잡아먹고 빼앗다가 결국은 기억의 저장고를 모조리 없애버리는 것 말이다. 나이가 든다는 게 두드러짐이 없이 편안한 것은 좋지만 치매만은 두렵다.

나이 들어 눈이 어두워지는 것도 자연의 섭리다. 눈으로 보기보다 마음으로 보라는 뜻일까. 매사 가깝고 명확한 형상만을 보고 이성적이고 객관적 판단이라 자신하는 오류가 많았다. 세상에는 눈으로 보이는 사실보다 눈으로 볼 수 없는 진실도 많다. 눈으로 볼 수 있는 현상만을 믿기보다 마음으로 받아들이라는 것은 아닐까 싶다. 다행이라면 자연의 형상은 눈에서 멀어지지만 자연과의 교감은 더욱 긴밀해진다는 것이다.

말이 많아지면 쓸 말이 적어진다. 잔소리가 많아진다는 소리다. 어떤 교훈적인 말도 신뢰를 잃고 듣는 말은 받아들이기 어렵다.

같은 말도 누가 어디에서 어떻게 하느냐에 따라 의미가 달라진다. 잔소리를 위한 잔소리인 것인지 아니면 교훈을 위한 잔소리인가 하는 것인데 그것 또한 잔소리가 된다. 가르치려면 행동하는 말보다 실천이 우선이 되어야 한다. 말로 설득하기보다 먼저 보여주는 것이 우선이 되어야 한다. 그래야 받아들이기 쉽고 거부반응이 적다.

나이가 들면 입맛이 바뀌는 일이 많다. 육체적으로는 왕성하던 신체의 대사가 무디어지고 움직임이 줄어들고 무엇보다도 기초대사량이 떨어져서 같은 양을 먹더라도 축적이 많다. 육식만을 고집하던 사람이 채식을 하기 시작하고 평소 쳐다보지도 않던 음식을 찾는 일도 많아진다. 위와 치아의 기능이 떨어져서 억세고 거친 음식보다 부드러운 음식을 찾게 되는 일이 일반적이다. 미각의 변화는 찾는 음식만 달라지는 게 아니다. 오미 중에서도 특히 단맛과 짠맛에 변화가 온다. 신 것을 싫어하고 단 것을 좋아하며 음식이 짜야만 맛을 느낄 수 있다. 미각의 퇴화는 단맛과 짠맛에 도드라지는데 달고 짜야만 맛을 느낄 수 있다. 소금을 적게 넣으면 싱거워서 맛이 없다하고 설탕이 적게 들어간 음식은 쓰다고 핀잔을 준다.

용불용설이라 했다. 많이 쓰는 것은 발달하고 적게 쓰는 것은 퇴화한다는 이야기다. 미각의 퇴화는 편견으로 한가지만을 고집하지 말고 골고루 살피고 맛보라는 뜻일 것이다.

어느 때부터 쳐다보지도 않던 민물고기가 좋아진다. 육식을 즐겨하고 바다 생선을 즐겨했지만 딱히 언제라고 할 수 없는데 민물고기가 입에 당긴다. 가시가 많아 성가시지만 고진감래의 새로운 맛에 눈을 뜬다. 민물고기는 옅은 흙 맛이 난다. 자연에서 나고 자연으로 돌아갈 것이니 자연과 가까워지려는 필연이 아닐까.

성장기는 비밀이 하나 둘 느는 것이고 늙는다는 것은 가슴에 담은 이야기가 많아지는 것이다. 희귀한 산해진미보다는 자연이 만들고 인공미가 덜한 음식이 좋다. 된장이 좋아지고 청국장이 좋아진다. 된장국과 간장이 들어가면 속과 마음이 편안해진다.

나이가 든다는 일은 오래된 친구가 좋듯 익숙한 물건에 정감이 가는 일이다. 새로운 것보다는 오래된 것을 곁에 두고 싶어 한다. 유년의 기억 속에 남아있는 가치가 최고의 가치고 교훈이 되는 때이다. 나이가 든다는 것은 무색의 흙 맛이고 오욕칠정의 맛을 모두 뺀 무던한 자연의 맛이다.

'나이가 든다는 건 늙어가는 게 아니라 익어간다' 는 말의 의미를 생각해 본다.

관계

오행이라는 것이 있다. 五行은 木 火 土 金 水로 이루어져 있고 풀이하자면 나무, 불, 흙, 쇠, 물이다. 상호 유기적인 관계로 똘똘 뭉쳐져 있어서 상생이니 상극이니 상외니 하고 부르는 조합을 만든다. 갑과 을, 을과 갑, 고양이 앞의 쥐, 쥐 앞의 고양이도 이에 해당한다.

세상 만물의 순리는 오행 안에 있고, 소우주인 인체 또한 오행 안에 존재한다. 세상을 요즘 화두가 되는 주와 객을 중심으로 반으로 나누면 갑과 을이 되지만 오행 속에서는 음과 양이라는 것으로 나누거나 밝음과 어둠 그리고 실체와 그림자로 보아도 되겠다. 실제적으로 대입을 해보면 남자는 양, 여자는 음, 태양은 양, 달은 음이라는 식이다. 그렇다고 여자는 남자의 그림자라는 등식이 성립하는 것은 결코 아니다. 남자를 양으로 보고 여자는 음으로 본다는 것에서 시작된 것이니 우열을 가려서 정한 것은 아니어야하고 아닐 것이다.

회사에 출근하면 대부분 을에 해당하지만 대다수는 아파트에 살고 있기에 퇴근을 하면 아파트 관리자와의 관계에서 갑의 위치에 서게 된다. 손님이 왕이라는 개념으로 보더라도 음식점, 백화점, 구멍가게에서도 갑의 위치에 해당한다 하겠다. 갑이 늘 갑일 수 없고 을도 늘 을일 수는 없다. 우린 하루에도 몇 번씩 갑에서 을로 을에서 갑으로 위치변화를 하고 있기 때문이다.

兩性인 남자와 여자를 상호 보완적인 관계로 보고 남자는 양, 여자는 음으로 보지만 그것이 절대적인 개념은 아니다. 남자의 오장 6부에 음장부와 양장부가 있고 음인 여자의 몸에도 양의 기운과 음의 기운이 상존하는 까닭이다.

오행의 기본 틀은 여러 가지에 비유되고 또 내포하는 의미도 넓다. 인체에는 흔히 5장 6부가 존재하고 때론 6장 6부라 하기도 한다. 5장은 간장, 심장 ,비장, 폐, 신장이고 6부는 담, 소장 삼초, 위장, 대장, 방광이다.

木은 나무로 계절로는 봄을 상징하고 방향은 東에 해당된다. 陽의 臟器 담이고 陰의 장기로는 간이다. 음력 1, 2, 3월이 이에 해당된다. 다음은 火다. 화는 계절로는 여름, 남쪽, 양의 장기는 소장삼초, 음의 장기는 심장, 심포, 음력 4, 5, 6월이다. 土는 늦여름에 해당되고 양장부는 위 음장부는 비장이다. 金은 가을, 서쪽에 해당되고 장기로는 양이 대장 음이 폐다. 음력7, 8, 9월이 이에 해당된다. 水는 겨울, 북쪽 양장부는 방광 음장부는 신장 즉 콩팥이며 음력 11, 12, 1월에 해당된다.

전자에 열거한 바와 같이 오행은 목화토금수로 이루어져 있고 서로 웃는 관계가 상생相生이다. 상생은 木(相生)火, 火상생土, 土상생金, 金상생水, 水상생木, 이런 등식이 성립한다. 오염은 환경뿐만이 아니다. 언어에도 오용과 파괴가 심각한데 상생은 서로 도움을 주는 관계이지만 정치인들이 말하는 상생과는 의미가 많이 다르다. 정치에서 상생은 자주 표리부동과 배신의 뜻을 담고 있으며 호시탐탐 상대 죽이기가 상생이라는 이름으로 포장되어 있으므로 경계할 일이고 同字同音의 異意다.

木 상생 화는 즉 줄여서 목생화다. 목은 절기로 봐서 봄이고 화는 여름이다. 그러므로 봄과 여름은 상생관계이고 서로 도움이 되는 관계이다. 여름 화와 늦여름 토는 상생, 늦여름 토와 가을 금은 상생, 가을 금과 겨울 수는 상생, 겨울 수와 봄 목은 또 상생 이렇게 되는 것이다. 예를 들자면 목의 음장부는 간이다. 화의 음장부는 심장 심포다. 이둘 사이는 상생의 사이이고 화해 무드의 평화조약이 되어있다는 뜻이다.

다음은 상극이다. 相剋은 이기는 관계이므로 절대로 편안한 관계는 아니다. 木克土, 火克金, 土克水, 金克木, 水克火, 나무는 흙 때문에 살 수 있다. 불은 금을 녹이니 이기는 관계다. 이런 관계가 상극의 관계다. 水克火 즉 물과 불의 관계가 상극의 관계이다.

다음은 相畏의 관계이다. 보편적으로 상생 상극은 들어서 알지만 상외는 잘 모를 것이므로 소개 하고자 한다. 이 관계는 두려워하는 관계다. 畏자가 두려워 할 외자다. 그러므로 아주 불편한 관계다. 木畏金 나무는 쇠를 두려워한다. 火畏水, 土畏木, 金畏火, 水畏土, 불은 물을 두려워하고, 쇠는 불을 두려워하고, 하고, 하고 한다. 이것이 相畏다.

우리는 갑의 높은 위치에서 내려다보기도 하고 을의 위치에서 올려다보는 일도 한다. 절대적인 갑은 세상 어디에도 존재하지 않으며 존재해서도 안되는 것이다. 갑의 위치에서는 포용력을 가지고 너그럽고 유연하게 대처하고 을의 위치에서는 최선을 다해 성심으로 대한다면 갑과 을은 상생의 조화처럼 아름다울 것이다.

어떠한 경우로든 관계를 맺고 사는 우리다. 사회라는 이름의 거대한 존재를 벗어나지 못하는 한 우린 그 관계를 이해할 수밖에 없고 승복해야 한다. 나의 위치가 친절한 갑이든 최선을 다하는 을이든 말이다.

우리는, 나는, 이 거대사회와 어떤 관계설정이 되어있을까? 相生, 相克, 相畏 무엇으로?

틀 혹은 관계

사람은 관계 속에서 산다. 물고기가 물에서 유영을 하듯 관계와 관계 속에 산다. 상극이라는 적대적인 관계이든 두려워하는 상외의 관계든지 말이다.

상생이라 믿고 싶은 관계는 많아도 상생의 관계는 드물다. 이해타산의 셈으로 이쪽과 저쪽을 비교하고 이익이 되는 관계를 상생으로 설정하고 사는 까닭이다. 관절과 관절이 모여 몸체를 세우듯 관계는 사람과의 소통에서 생겨나는 일이다. 따라서 사람은 관계의 연장선에서 살거나 죽거나 살아가고 있다고 봐도 무방할 것 같다.

조카의 전화를 받은 것은 늦은 점심식사를 하고 소파에 누워 오수를 즐길 때였다. 지도자 생활만 30여 년이 넘었고 직함을 가진지 30년이 되었다. 한때는 젊음과 패기로 거칠 것이 없었던 적도 있었다. 그러나 이젠 놓아야 할 때가 된 모양이다.

떠나야 할 때 미련으로 떠나지 못하면 아름답지 못한 일이다. 한편으로 서둘러 내려놓는 일도 바람직하지 않을 수 있다는 생각을 해보지 않은 것도 아니었다. 미련을 가질 수도 있지만 내가 과거에 가졌던 생각처럼 큰 그림을 그리려면 알맞은 직함이라는 것이 필요하겠다 싶었다. 직함에 대한 대접은 사회전반에 널리 퍼져있는 관계의 설정이 아니던가. 미련을 떨기보다는 마음을 비우는 일이 순리일 수도 있다고 생각하니 곧 마음이 정리되었다.

일상의 반복이 습관이 되고 습관의 반복은 기질적인 사고나 행동의 제약을 만든다. 늘 하는 일은 무료함과 나태를 만들기 쉽다. 그래서 새로운 일을 만들거나 꾸미는 일은 마음이 설레거나 새롭다. 일상을 당연한 것으로 여기는 이유는 여기에 기인한다. 반복이 주는 의미를 조금도 의심하지 않고 안주하려는 속성 때문이다.

가족, 학연과 지연 그리고 이웃과 이방인, 수평과 수직, 존경과 경멸 혹은 부정의 형태적인 고리도 직간접의 의도와 혹은 자연스럽게 맺거나 맺어진 관계의 설정이다. 첫 번째의 관계는 태어남으로써 부모와 자식이라는 관계가 설정된다. 아울러 친가 혹은 외가의 할아버지, 할머니, 삼촌, 이모, 숙모라는 연결고리가 생긴다. 그리고 형제라는 최고의 친밀한 카테고리가 형성된다. 어머니를 통해 이모라는 관계의 친밀이 더해지고 할아버지, 아버지를 통해 삼촌, 사촌간의 동류적인 그룹을 형성하게 된다.

경쟁이라는 의식적 자의와 번민의 시기를 겪는 일도 관계의 성립이다. 사람의 행복 혹은 불행은 관계의 설정에서 온다고 볼 수 있다. 인간사 근원적인 고민이나 탐구에서 오는 외로움은 특별한 사람들의 사유세계라고도 할 수 있을 것 같다. 관계에서 도움을 주는 쪽의 사람은 행복이라는 틀에 근접할 것이다. 경쟁하고 짓누르고 억압하려는 사람들 틈에서 이기심이라는 불편한 마음과 불행이 자라고 있을 것이다.

관계는 접속사와 같다. 관계와 관계를 이어주는 역할을 하는 것이다. 관절과 관절을 이어주고 무리 없게 만드는 데는 연골이라는 매개와 인대라는 단단한 동아줄이 필요하다. 따라서 관계는 일방적인 방향이 되면 안 된다. 쌍방 혹은 사방이 서로 맞물려 돌아가야 하는 일이고 그래야 건강한 관계가 될 수 있다.

내가 어떤 사람을 좋아할 수는 있지만 상대도 나를 좋아하게 요구할 수는 없다.

'내가 좋아하니 너도 나를 좋아해 달라' 는 이야기는 조건의 성립, 계약이지 진정한 소통의 관계가 되기는 어렵다. 조건으로 맺은 관계는 일방적인 종속의 관계가 되거나 한쪽의 이기적인 셈법일 공산이 크다.

옳고 그름을 따지고 판단하는 일은 법이 할 일이다. 그러나 가까운 사람과의 일은 법이 나서기 전에 인습이란 경험과 판단에 의거하는 일이 많다. 조카의 전화를 받고 생각이 많아진 것은 변화 없이 안주하려는 타성일 수도 있다. 익숙하고 편한 일은 새롭게 변하지 않아도 되는 일이었다.

"그래, 알았다. 그렇게 해라"

흔쾌히 대답했지만 한 순간 섭섭한 기분이 드는 것만은 숨길 수 없었다.

부모님에게 받은 몸뚱이 이외에 처음부터 내 것인 것은 없었다. 지금의 내가 가지고 누리는 것도 과거에는 누군가의 것이었고 미래에는 또 누군가의 소유가 될 것이다. 유무형적인 소유는 집착을 낳게 한다. 재물욕, 그리고 명예욕이다. 남들과 다르게 가진 것으로 대접받으려는 유물적 속성에 근거한 욕심이다.

범인에게 물욕이 없다면 세상이기의 속도는 더딜 것이다. 남들보다 뛰어나고 높은 자리에 있고 싶은 명예 욕심이 없다면 경쟁이라는 관계가 없어질지도 모른다. 경쟁이 없다면 가지려는 의지도 한 풀 꺾일 것이다. '순천자 존 역천자 망' 이라 했으니 순리대로 사는 일은 좋을지도 모르지만 우리가 가져야할 희망이나 의지 따위는 아무래도 퇴보할 것 같다.

내가 가졌던 어떤 우위를 지키려는 마음은 속성 혹은 이기 이전에 본능이 아닐까 싶다. 그것이 옳고 그름을 따지는 이전의 상태로 말이다. 받거나 소유할 때는 기뻐하면서 정작 물려 줄 때는 아쉬워 하는 마음이다. 먼저 가진 누군가로부터 받은 것을 뒤에 올 누군가를 위해 돌려주는 일에 이렇게 인색할 수 없다. 사람의 마음이 그렇다고 하기에는 옹색한 변명 같고 소유하기만 즐겨하고 주는 것에는 인색한 사람이란 오명을 받을 것 같아 마음이 편치 않을 것 같다. 오고 가는 것이 만물의 이치이듯 온 것을 다시 돌려주는 발심을 해야겠다. 하오의 태양이 석양을 향해가고 있다. 스러짐과 일어남은 때가 도래했음을 알리는 일이다. 비울 줄 알고 내려놓을 줄 아는 사람이 되고 싶다.

관계는 틀 속의 사람이 만드는 일이다.

먹을 것에 대해

아침에 출근하면서 차창 밖의 물상들을 물끄러미 바라보았다. 라디오에선 늦가을이라고 하지만 내가 보기엔 초겨울의 풍경이다.

라디오에선 마침 비만 문제에 대해 이야기 하고 있었다. 영양의 과다 섭취는 몸을 병들게 하고 성인병과 각종 합병증을 유발시키는 것으로 균형 잡힌 식사와 운동으로 극복해야 한다는 내용이었다. 과잉섭취는 잉여분으로 남아 아랫배와 엉덩이를 두툼하게 만들어 주는데, 나도 만만찮게 인격을 쌓고 있으니 관심이 갈 수밖에 없었다.

떠오르는 생각의 고리 하나. 칼로리 높은 음식을 조금만 먹고 운동을 해서 소비하든가 그게 아니면 고칼로리 음식을 먹지 않으면 되는 것이다. 그러나 요즘의 생활패턴이 바쁘게 돌아가다 보니 시간이 돈이라 가까운 거리도 시간을 절약하기 위해 차를 탈 수밖에 없으니 악순환의 연속이다.

그렇다고 예전보다 양적으로 많이 먹는다고도 볼 수 없다. 농경시대에서야 힘을 쓰기위해 배가 든든해야 했으니 질보다 양이었지만, 오히려 요즘이 질이란 점에서 확실히 우위에 있다. 다시 말하면 칼로리가 높은 것인데, 요즘 거의 모든 음식들이 이만저만한 고 칼로리가 아니니 일부러 찾지 않는 한 선택의 폭조차 어렵게 만든다.

보통의 음식에 고소한 맛을 내기위해 유제품이나 유사한 것을 쓰므로 우리가 모르는 사이에 분유나 치즈 혹은 인공감미료를 엄청나게 먹고 있다. 그 양이 얼마나 되는지 집에서 만드는 음식에 적용해 보면 알 수 있다. 치즈나 버터 따위를 제외하고 빵에 얼마나 많은 설탕을 넣어야 단맛이 나는지 실험해보면 절로 고개를 끄덕일 것이다

누가 뭐래도 음식의 맛은 간이다. 과일의 간은 당도나 새콤한 맛에 있고, 생선이나 국, 튀김, 떡 따위를 맛있게 만들기 위해서는 반드시 첨가물이 필요한데 그것이 바로 간장과 소금이다. 만약, 일체의 첨가물 없이 맨 것을 그대로 먹는다고 하면 우리가 익히 먹어온 맛과 달라 열이면 아홉은 상당히 먹기 힘들어 할 것이다. 그러나 거기다 약간의 간장이나 된장 소금 등으로 간을 하면 동시다발적으로 새로운 맛이 생겨난다. 우선 고소한 맛이 살아나고, 담백한 맛도 살아나서 저절로 식욕이 발동하게 된다.

요즘 빵집에 가면 형형색색의 빵들이 있다. 그러나 거의 모두가 설탕을 많이 들어가 다른 맛을 모조리 죽여 버린다. 잼에도 통팥에도 녹두에도 크림에도 단맛이 지나치게 많이 들어 있어 마치 설

탕을 먹는 것 같다. 그것은 마치 세상에 여러 맛이 존재 하지만 단맛만 남고 나머지는 모조리 없어져야 하는 것처럼 강요하는 것 같다. 그래서 나는 빵을 좋아하지만 빵집에 잘 가지 않는다. 당도가 지나쳐 먹을 것이 거의 없기 때문이다.

아주 오래전에 읽은 글이 생각난다. 어떤 서울 사람이 시골집에 초대되어 음식을 먹게 되었다. 시골고유의 음식 맛을 기대했던 그의 생각과는 달리 음식은 하나같이 달기만 했다. 나중에 그 이유를 알고 보니 주인이 서울에서 온 귀한 사람이라고 자기들에게는 아주 귀한 설탕만 넣으면 무조건 좋아하는 줄 알았다는 이야기였다. 요즘 우리가 그런 것 아닌가 싶다. 거의 모든 음식이 달아서 음식 고유의 향과 맛을 느끼기가 쉽지 않으니 말이다.

해마다 여름이 되면 점심에는 국수가 자주 상에 올랐고 저녁에는 애호박을 넣은 칼국수를 거의 매일 먹었다. 여름이 되면 갓 수확한 밀을 찧는 정미소는 만원이었다. 높은 천장에 얼기설기 얽힌 거미줄 따라 폭넓은 벨트들이 요란한 소리를 내며 돌아가고 몇 번의 찧기를 반복하다 보면 메밀가루와 비슷한 색깔의 밀가루가 되어 나왔다.

해거름이면 어머니는 검은빛이 도는 밀가루를 반죽하여 홍두깨로 솜씨 좋게 밀기 시작했다. 반죽은 금세 둥글게 펴지고 접혀 또각또각 잘라져 솥으로 들어갔다.

표백하지 않은 밀가루는 근기가 있어 쉬 배가 꺼지지 않았고 모깃불은 짙은 풀 냄새를 풍기며 마당 넓게 퍼져나갔다. 어둑어둑하던 하늘이 식사가 끝나면 앞을 분간하기 어려울 정도로 금세 어두워졌다. 남포불이 처마에 걸리고 방안에는 심지가 올려진 호롱불이 짙은 석유냄새를 풍기며 시커먼 그을음을 올렸다.

그때는 먹는 것이 자연 그대로의 것이었다. 첨가물도 소금 간장 된장 이외의 것은 거의 없었으니 비만과는 가까울 수도 없었다. 그래서 지금처럼 비만에 대해 심각하게 고민하는 일도 없었다. 그러나 요즘 도시 생활은 고칼로리 음식을 먹고 걸어 다니는 일이 드물다. 더구나 시골처럼 많은 일을 하지 않으니 자연적으로 몸에 축적되는 잉여 영양이 많을 수밖에 없다.

음식의 종류가 아무리 많아도 그 재료가 가진 고유의 맛이 다 다르듯 사람도 저마다 생긴 것도 사고하는 것도 다 같을 수는 없다. 음식도 마찬가지 아닐까. 모든 음식이 달기만 하다면 우린 미각에 대해 너무 편협한 식성을 강요하는 것이 아닐까 싶다.

고 칼로리 음식도 존재해야할 이유가 있을 것이고 사탕처럼 달디 단 음식도 필요하다. 그러나 맛에 대한 획일적 의존은 건강을 해치고 몸의 균형을 깨뜨리는 일이다. 그래서 인공적인 맛이 덜 들어가고 자연에 가까운 맛이 더욱 필요한 것 아닐까.

비만, 비만하지만 아주 작은 양의 소금으로 간을 하고 천연의 재료로 간을 하면 설탕이나 치즈 같은 고열량 음식으로부터 오는 부작용을 줄일 수 있지 않을까 싶다. 비만도 줄이고 잃어버린 맛도 찾을 수 있는 일거양득이 될 것이니 말이다.

울타리와 벽

타인의 간섭과 시선으로부터 자유, 온갖 것들의 위해로부터 얼마간의 거리를 두기 위해 만든 것이 울타리다. 그리고 외부의 침입을 합리적으로 차단하고 물리치기 위해 쌓은 성이 있다. 둘 다 인간의 이기를 위해 만들어졌고 '편리하기 위해' 라는 이름의 것들이다. 그러나 가끔은 그것들이 애초의 목적처럼 편리하기보다는 세상으로부터 격리하고 안으로 옥죄는 아이러니가 있다.

삽작이라는 낮은 경계가 이제는 사람의 키를 훌쩍 넘는 담으로 바뀌었다. 바람과 햇살이 자유롭게 드나들던 싸리나무 울타리가 어느 사이 철옹성 같은 괴물옹벽으로 바뀌었다. 도시에서는 울타리보다 옹벽이나 담벼락이 더 소용되는 까닭이다.

불필요한 타인의 간섭을 피하고 시선으로부터도 멀어지며 나 자신을 보호하기 위해 만든 것이 울타리이고 담이고 빌딩이라는 옹벽이다. 예전과 다른 것이 있다면 거의 모두가 틈 하나 없이 돌처럼 단단한 시멘트벽화 되었다는 것이다. 예측하기 어려운 일이 많아질수록 담은 높이를 더하고 두꺼워지며 거대해지니 악순환도 보통의 악순환이 아니다. 고립무원이 따로 없다.

따지자면 고슴도치의 가시와 아르마딜로의 단단한 갑옷 같은 것이고 인공의 구조물인 담과 벽 빌딩은 내 외부를 단절시키는 불통의 것이다. 타인의 위해로부터 지켜주는 일은 소기의 목적과 부합하지만 아이러니하게도 나를 위해 만든 벽들이 이제 나를 고립시킨다는데 있다. 합리적이고 편리를 앞세운 인간의 이기들이 이제는 이웃과 사람들을 소외시키고 편리보다는 불편을 소통보단 단절, 고립을 만든 것이다.

도심이 발전 할수록 필연적으로 나무 숲 바람 등의 자연과는 더욱 멀어질 수밖에 없는 것이 현실이다. 사람과 사람은 어울려 지내고 부대끼며 살아야 사람답게 사는 일에 가까울 것이다. 문제가 되는 것은 우리가 인식하지 못하는 사이에 혼자 사는 것에 익숙해져 버렸다는 것이다. 더 큰 문제는 인간성의 쇠퇴로 반자연적인 무생물, 쇠와 시멘트로 만들어진 사각의 구조물에서 오히려 편안함을 느끼고 있다는 것이다.

모태자궁 속에서 있던 태아는 어머니의 자궁이 세상 모든 것이다. 그래서 세상의 문을 열고 나와서도 자궁처럼 어둡고 좁은 곳에서 안정을 느낀다. 이 크고 넓고 세상에서도 이불로 감싸야 안정을 느낀다는 것이다. 왜냐하면 태아가 알고 있는 안정 평화 행복이 모두 그곳에 있기 때문이다. 신생아처럼 우리도 오히려 한없이 자유로워야 하는 자연과 대지 속에서는 오히려 행복을 느끼지 못하는 것은 인간으로서의 조화로운 인성을 잃어버린 것이 아닌가 싶다.

오늘도 거대한 빌딩과 담 속에서 살고 있고 벽속에 갇혀 살고 있기도 하다. 벽은 외부의 어떤 물리적인 상황은 완벽하리마치 차단해 줄 수 있지만 내부로부터의 일, 인간적인 일에는 오히려 방해가 된다. 소통부재에서 오는 외로움이 대표적이다. 편리함을 좇은 이면에 단절이라는 치유할 수 없는 외로움이 상존하는 것이다.

눈에 보이는 현상도 무섭지만 더 무서운 것은 눈에 보이지 않는 내부의 문제다. 사람과의 단절, 인정과의 단절, 왁자한 사람소리와의 단절은 사람이 살아가는 의미를 잃게 한다. 빌딩의 벽이나 옹벽은 외부의 바람막이로는 훌륭할 수 있어도 과육을 익게 하고 꿀같이 달게 만드는 따사로운 햇빛과 바람을 불러들이지 못하는 것처럼 그것이 바로 내부의 벽이 아닐까 싶다.

야트막한 담장 너머로 따스한 햇살은 만물을 생동감 있고 빛나게 한다. 사람에게는 따사로운 웃음을 만들고 꽃과 나무들에게 더없이 아름다운 색을 입혀주었다. 초가지붕 위로는 아침햇살이 눈부시고 햇살은 돌담사이로 엷은 빛을 투과시켜 기하학적인 무늬의 그림자를 만들었다. 바람이 불면 탱자나무를 비추던 햇살은 잘게 부셔져 마당에 흩어졌다.

싸리나무 울타리가 낮은 돌담이 거의 모두이던 울타리와 담은 이제 많이 달라졌다. 그 자리를 시멘트와 콘크리트라는 것이 차지하면서 정이라는 인간적인 따뜻함이 많이 줄어들었다.

마치 싸리나무 울타리나 돌담이 사라지는 것처럼 말이다.

싸리나무와 콘크리트가 다르듯 돌담과 시멘트벽도 많이 다르다. 형태는 비슷할지는 모르겠으나 쓰임새에서도 천양지차다. 돌담은 경계의 의미가 강한 반면 시멘트벽은 방비의 의미가 강하다.

울타리나 돌담은 사람이 살고 있는 곳이라는 인식의 경계를 나타내는 것에 가깝다. 그건 마치 들판이나 산에 갈 때 나무 막대기로 툭툭 치고 가거나 발소리를 많이 내서 꿩이나 뱀 그리고 동물들에게 미리 피할 수 있는 시간을 주는 것과 유사하다. 그러나 시멘트벽은 애초에 사람이 출입을 할 수 없게 차단시키는 역할을 한다.

울타리나 돌담은 누구든 마음만 먹으면 쉽게 넘을 수 있다. 삽짝 문을 열면 들어갈 수 있으므로 '이곳은 사람이 사는 곳이니 들어오지 마시오.' 라는 경계로 주의를 나타낸다. 그러나 옹벽이나 시멘트벽은 거대하여 함부로 접근 할 수 없다. 언제나 닫혀있는 철문은 들어 갈 엄두조차 나지 않는다. 특정한 목적과 기술을 가지지 않는다면 진입자체가 불가능에 가깝다. 그러니 보통사람의 사람에겐 접근자체를 불허하는 것이다.

돌담은 가슴 정도의 높이로 되어있는데 비해 시멘트벽은 다른 것을 볼 수 없을 정도로 크고 높다. 돌담은 마음을 먹든 아니든 자연스레 집안을 볼 수 있지만 시멘트벽은 그렇지 못하다. 투시력이 있거나 걸리버 여행기에 나오는 거인이라면 모를까 그렇지 않고서는 어림없는 일이다.

아무리 더운 여름 바람이라도 돌담 사이로 걸러진 바람은 몸을 식혀주지만 바람조차도 막아버리는 시멘트벽은 오히려 반대다. 뜨거운 복사열도 돌담이나 싸리 울타리 앞에선 흩어지는 바람처럼 기세가 곧 주춤해 지지만 콘크리트와 시멘트 벽 앞에선 오히려 화를 내 듯 복사열을 증가시키고 만다.

시멘트벽은 애초에 단절을 염두에 두고 만들어진 것 같다. 좋은 것이든 그렇지 않은 것이든 모두를 차단한다. 자연스럽게 담벼락을 넘던 따사로운 햇살을 차단하고 이웃과의 따스한 정을 나누던 담장 위 이야기도 애초에 기대할 수 없다. 원천차단인 것이다.

돌담은 바람의 소통이 자유롭다. 소통은 사람을 가깝게 만든다. 살가운 정을 만들던 아니든 그건 차후의 일이다. 사람을 절망시키는 것은 사람이지만 사람의 희망도 사람일 수밖에 없다. 서로 소통할 수 있다면 그것이 자연에 가까운 일이고 사람 사는 맛이 아니겠는가. 옹벽은 단절을 통해서 자연과 하나 되는 것을 거부해 버리는 비자연이 만든 상징인 셈이다.

시멘트벽은 방비를 위해서 만들었지만 요즘은 오히려 벽으로 인해 나를 가두는 일이 많아지고 있다. 그건 마치 사람이 가진 지식이나 의식의 함정과 비슷하다. 스스로의 사고에 갇혀 꼼짝달싹 못하고 헤어나지 못하는 것 말이다. 도시는 옹벽을 만들고 옹벽은 사람과 사람을 단절시키는 역할을 하는 것이니 악순환의 연결이 되는 셈이다.

옹벽은 울타리의 역할을 할 수는 있겠지만 울타리가 되지는 못한다. 높이의 장벽, 재료의 장벽, 빈틈없는 완벽함이 주는 장벽이 있기 때문이다. 그래서 나는 요즘 느슨함이 주는 자연스러움, 인식의 경계를 친 울타리가 많이 그립다.

무엇이든 영원한 것은 없다. 시대가 변하면 사람의 인식도 변하고 인식이 바뀌면 환경도 달라질 수밖에 없다. 인간은 사회적 동물이다. 자연과의 소통 사람과의 소통이 전제 된다면 울타리와 돌담, 빌딩과 옹벽이 무슨 장벽이 되겠는가.

가르친다는 것

나는 명확한 꿈을 가지지 못했다. 명징한 특별함도 재능도 타고 나지 못했고 후천적인 노력도 지식도 부족했다. 20대 초, 군 문제를 해결하고 나서 어느 날 형님이 미국의 사관학교 무도교관으로 간다는 연락을 받고부터 인생의 방향이 정해졌다. 본격적으로 무도에 전념하게 되었다.

앞으로 무엇을 하고 살 것인가를 두고 정서적 혼란을 겪고 있던 나에게 책임이라는 막중한 사명이 주어진 것이다. 특별한 방도도 대안도 없었다. 거부라는 이름으로 어깃장을 놓기에는 갈 길을 정하지 못해 서성이는 자신에게 떳떳하지 못했다. 매사에 순종적이었고 집안의 일에는 거의 맹목적 순종이었던 탓에 반발의 여지도 거의 없었다. 뚜렷한 목표가 설정되지 못한 시기였음으로 가능한 일이었다. 그 길이 평생의 업이 될지 짐작하지 못했다.

차가운 매트 바닥에서 발뒤꿈치와 엄지발가락에 굳은살이 박이도록 땀을 흘렸고 운이 좋게도 20대 후반에 미합중국의 공군을 가르치기 위해 비행기를 탈 수 있었다.

낯선 나라에서의 생활은 모든 것이 모험이고 두려움이며 생소했다. 언어, 풍속, 식사 그리고 사람들과의 새로운 관계정립은 무척 힘들었다. 수련생들은 동양의 작은 나라에서 온 왜소한 체격의 사범인 나의 실력을 알아보기 위해 때때로 테스트를 했다. 힘을 떠받들었지만 나보다 더 강한 상대가 아니라고 판단되면 배우려하지 않았고 배울 이유가 없다고 생각하는 사람들이었다. 진인사 대천명이란 말이 통하지 않는 나라, 오로지 실력만이 우선하는 나라였다. 그러기 위해서는 그들보다 내가 더 강하다는 것을 실력으로 대련으로 보여 주어야했다. 그러한 수련을 거치면서 나는 정신적으로 육체적으로 더 강해지고 단단해졌다.

몇 년간 무난하게 지도자 생활을 마치고 귀국하였다. 지친 심신이었고 쉬고 싶었지만 현실은 그럴 틈을 주지 않았다. 협회 공식도장의 사범이 공무원시험에 합격하여 결원이 생겼고 쉬지도 못하고 도장을 맡아야 했다.

소문의 속성은 바람의 힘으로 비상하는 연과 같다. 가장 높이 올랐을 때의 희열을 기억하는 것처럼 소문은 이야기에 그럴듯하게 살을 붙여 자기말의 정당성을 부여하려는 속성이 있다.

도장에는 이미 아이들의 호기심 충족을 위한 고수 이야기가 전해지고 있었고 그 소문의 주인공은 나였다. 아이들은 환호했고 나는 모르는 사이 이미 절대강자 초고수가 되어있었다. 부임 전부터 돌던 소문의 근원은 외국으로 떠나기 전 사범생활을 하면서 가르쳤던 아이였다. 이야기인즉 지금 미군을 가르치는 사범

님에게 던지기와 꺾기 발차기를 배웠는데 발이 얼마나 강한지 샌드백을 마음 놓고 차면 샌드백에 구멍이 뚫어져 버린다는 허풍이었다. 비슷한 일이 있기는 하였으니 전적으로 거짓말이라고 할 수도 없었다. 샌드백이 낡아서 그랬다는 게 더 정확할 것이다. 그러나 소문을 듣는 아이들의 입장에서는 무시로 샌드백을 차서 찢어버리는 무시무시한 괴력의 소유자로 입력되어 버렸으니 난감한 일이었다.

다대포에서의 생활이 시작되었다. 때마침 개발붐으로 신도시가 건립되고 인구유입이 많을 때였다. 순진한 아이들은 한 아이가 퍼트린 허풍을 곧이곧대로 믿고 나를 따랐다. 어쩌면 자신들에게 든든한 방패막이가 될 사람으로 느꼈는지도 모른다.

돌아갈 줄 모르고 직진만을 고집하는 젊음과 패기는 그런 아이들을 강하고 늠름하게 만들고 싶은 욕심이 있었다. 수련은 스파르타식이었고 강도 높은 훈련의 당위성은 의심의 여지가 없었다. 당연한 줄 알았다. 길이 막히면 뚫고 나가야하는 일이 무인의 기상과 맞닿아 있다고 생각했다. 다른 방법은 생각하지 못하기도 했고 둘러갈 줄 몰랐으며 차선은 무인 기질의 부족이 만드는 나태함으로 생각했다. 좌우를 살피지 않는 전진은 카리스마 혹은 강한 지도자의 자신 있는 모습으로 잘 못 알고 있었던 것이다.

끊임없는 강한 수련은 몸을 강하게 만들었고 정신이 무장되었으며 매사에 자신만만했다. 그러나 나는 그들을 따뜻하게 다독여주지 못했다. 칭찬에 인색했으며 생일이나 기념일은 따위로 늦는다거나 결석하는 일은 허용하지 않았다. 더 정확하게는 미리 양해를 구한 행사는 인정해 주었다. 밥을 먹는다고 늦었다거나 충분히 시간을 조절할 수 있는 일로 결석하거나 늦는 일은 예외 없이 벌을 세웠다.

나 자신에게도 철저했다. 광주나 대전에서 심사를 하고 새벽에 도착하여 잠을 못자더라도 수련시간은 어김없이 지켰다. 첫 아이가 태어날 때도 함께하지 못했고 둘째 아이가 태어날 때도 지방으로 심사를 가면서 '오늘 태어나면 안 되는데' 하고 갔다고 아내에게 두고두고 구박을 받고 있다.

그런 철저함이 아이들에게는 오히려 동기부여가 되었다. 칭찬 한마디면 세상을 얻은 것 같이 기뻐했고 조금이라도 엇길로 나가지 않게 도덕이라는 잣대를 엄히 가져다 댔다. 기대치에 부응하지 못한 행동은 가차 없이 야단을 쳤으며 운동은 잘 못할 수도 있지만 최선을 다하지 않는 아이들은 호되게 혼이 났다.

거짓말을 하거나 해서는 안 될 짓이 반복되면 '나는 능력이 부족하여 너를 가르칠 수 없다. 내일부터 집에서 푹 쉬라.' 라는 말로 경고를 주었다. 나의 기준에 맞추어 놓은 틀이 최선이라 여겼던 것이다. 지금 생각해 보면 더 다정하게 아이들을 대해 주었으면 좋지 않았을까 하는 생각이 든다. 그러함에도 불구하고 이제는 장성하여 성년이 되고 중년이 된 제자들이 나의 시행착오와 부족분을 이해하고 따라준 것이 고맙다. 무엇보다 바르고 당당하게 자란 제자를 보면 일이 내가 잘한 일 중에 하나라는 생각이다. 그러나 과분한 대접을 받는 일에는 나 스스로가 부끄럽기 그지없다. 예전에 나도 모르게 초고수가 된 소문처럼 내가 가르쳐준 것보다 더 많은 값을 쳐주는 일이 고마우면서도 미안하다.

부담은 과한 일에서 생겨난다. 작은 것을 주었음에도 그것을 원래보다 크게 쳐주는 일이 내 마음을 무겁게 한다. 오랫동안 누군가를 가르쳤던 일은 행복하다. 좋은 사람을 가르쳤고 만날 수 있었던 일도 나에게는 행운이었다.

뒷골 청호반새

우연히 텔레비전을 보다가 눈에 익은 새 한 마리를 보았다. 오랜된 기억이다. 그 새를 보며 기억을 더듬으려 했지만 오래전 그때처럼 잠시 모습만을 보여 주고 날아가 버렸다.

뒷골은 다른 곳보다 산이 낮아 올망졸망하고 습한 곳이었다. 산길을 따라 마을 뒷길로 잠시 올라가다보면 맷골이라는 곳과 맞닿아 있었다. 맷골은 마른 점토 같은 유백색 흙이 많고 철 성분도 많아 계곡물에 늘 불그스름한 녹물이 섞여 흐르는 곳이었다. 다행히 녹물의 농도가 그다지 심하지는 않아서 물고기들이나 수생 동식물이 자라고 있었고, 장이 민감한 사람만 아니라면 개울물을 그냥 먹어도 되는 정도였다.

맷골에서 흐르는 물은 뒷골을 거쳐 마을 앞으로 흘렀다. 큰 개울이 가까울수록 사토질인 바닥이 물을 거의 흡수해 버려 뒷산 개울물이 산을 돌아 마을 앞 큰 개울가로 나왔을 때는 바닥을 간신히 적시는 정도였다. 그러나 장마철에는 산에서 내려오는 물이라 수위도 높고 물살도 세어 어른 키보다 높은 개울둑을 수시로 위협하기도 했다.

마을에서 계곡을 따라 한 두어 마장을 올라가면 맷골과 마을의 중간쯤에 왼쪽으로 산이 하나 있다. 그 산은 계곡 쪽으로 경사가 아주 심해 언제나 토사가 흘러내렸다. 그곳을 우리는 엉설*이라 불렀고 산사태로 생겨난 절개지에는 칡이 많이 자랐다. 겨울에 나무하러 가다가도 출출하면 칡을 캐 먹곤 했는데 경사가 심해 위험하기도 했지만 경사 때문에 칡 캐기가 오히려 쉬운 장점도 있었다.

그 엉설 위쪽에 읍내 보건소에서만 볼 수 있었던 파란 약병색의 새가 절벽에 구멍을 내고 살고 있었다. 새의 날갯짓이 얼마나 재빨랐는지 늘 자세히 보기도 전에 파란 새는 집으로 쏙 들어가 버렸다. 산골에서 보기 힘든 새라는 것과 아주 짙은 파란색이라 신비감이 컸다. 산을 오를 때마다 새를 찾아보고 집을 쳐다보는 것이 습관처럼 되었다.

그러던 중, 어느 날부터인가 새의 모습이 보이지 않았다. 소 먹이러 가는 오후에도 저녁노을을 받고 소가 방울소리를 내며 돌아오는 길에도 보이지 않았다. 수없이 파란 새의 집을 올려다보았지만 어디에 숨었는지 제 모습을 보여주지 않았다. 무슨 일이 있었을까?

그무렵 마을에 소문 하나가 떠돌아다녔다. 작은 돌멩이 하나만 던져도 토사가 흘러내리는 수 십 길 엉설을 동네 아이 하나가 탔다. 보통의 방법으로는 위험하여 도저히 접근할 수 없는 곳이니 장대나

로프를 이용했지 싶다. 아이는 얼마나 새가 가지고 싶었던지 벼랑을 타는 위험을 감수하고 결국 벼랑에 매달려 파란 새의 새끼를 꺼내 집으로 가져갔다.

새의 새끼를 가져 간 그날, 아이의 어머니가 갑자기 앓아누웠다. 없는 말도 만들어내길 좋아하는 무료한 시골에서 미신을 신봉하는 사람들은 새 때문에 그렇다고 수군대기 시작했다. 믿기는 어렵고 그렇다고 믿지 않기에는 찜찜하기만 했던 아이는 싫었지만 다른 사람들의 말에 떠밀려 새를 집에다 넣어 주었다. 신기하게도 그 아이의 어머니는 거짓말처럼 자리를 털고 일어났다.

이야기는 거기서 그치지 않았다. 어린 새를 포기할 수 없었던 아이는 다시 한 번 위험을 무릅쓰고 벼랑을 타고 새끼를 가져와 아무도 모르게 숨겨 놓았다. 그러자 멀쩡하던 아이의 어머니가 다시 아파서 누워버렸다. 심상치 않은 기운을 감지한 아이는 새끼 새를 다시 엉설 제 집에 넣어주었다. 그 아이의 어머니는 자리를 툴툴 털고 일어났다. 그 소문이후로 파란 새는 더욱 신비로운 새가 되었고 함부로 건드리면 재앙이 따르는 영물로 인식되었다.

사는 곳부터 남달랐고 여타 새들과 달리 사람에게 제 모습도 쉬 보여주지 않았다. 사람과의 일정한 거리를 두고 살았던 새, 꼭 해질 무렵이라야 간신히 볼 수 있었다. 사람이 쉬 근접할 수 없는 곳에다 집을 짓는 까닭에 유심히 보지 않으면 찾기 어려웠다. 다른 새처럼 나무에 앉아있는 것을 한 번도 보지 못했던 새, 집에 드나드는 순간이 아니면 볼 수 없던 새, 훗날 알게 되었지만 낭떠

러지에 굴을 파고 살던 그 파란 새는 청호반새였다.

겨울철에는 나무를 하기 위해 봄에는 산나물, 여름에는 도라지나 더덕을 캐거나 소 먹이러 산에 오른다. 소꼴조차 흔하지 않은 뒷골과 맷골은 자연스럽게 사람들의 발길이 많지 않는 곳이었으니 청호반새가 자리 잡기는 딱 좋았을 것이다.

얼마 전에 내 유년의 은밀한 비밀의 정원 같은 그곳에 공단이 조성된다는 소문을 들었다. 세월이라는 시간에 의해 잊어지고 희미해져 가는 그 곳이 개발된다니 안타깝기 그지없다. 청호반새와 함께 했던 내밀한 기억들도 이제 더 이상 찾을 곳이 없어질 것 같다.

그 옛날 엉설에 구멍을 내고 살았던 푸른색이 유난하던 청호반새는 지금 어디에서 어떤 모습으로 있는 것인지 사뭇 궁금하다.

*엉설–급경사의 절개지 혹은 절벽

제기를 닦으며

몸이 아픈 아내를 대신해 서랍장 맨 위에 있는 제기를 내렸다. 일 년에 겨우 한번 꺼내는 목제기는 부피부터 만만찮다. 큰 물통에 액체 세제를 약하게 풀고 제기를 담궜으나 양이 많아 한 번에 다 담글 수 없었다.

목기에 흠이 가지 않게 먼저 부드러운 천으로 먼지를 닦고 씻어내기를 몇 번 하자 옷 칠된 목기에 윤이 났다. 부산으로 오기 전 시골에서는 놋제기를 사용했고 부산에서도 얼마간은 놋제기를 사용했다. 그러나 연탄을 주연료로 사용하던 때라 연탄가스에 유독 취약한 놋그릇이 심하게 변색이 되자 몇 가지를 제외하고 스테인레스 제기로 바꾸었다.

그러다 십여 년 전 아내가 결혼예물로 목제기를 가져와 지금껏 목제기를 쓰고 있다. 이제는 연탄을 사용하지 않기 때문에 놋제기가 심하게 녹이 나서 곤란한 지경은 당하지 않을 것 같은데 놋그릇만 없어져 안타까울 뿐이다.

유독 제사가 많은 우리 집은 한 달에 한 번꼴로 제사가 있었다. 제삿날 사나흘 전부터 놋그릇 닦기가 시작되었다. 먼저 상여가 보관되어있는 부근에서 아주 오래된 흙기와를 가져와 밀가루처럼 곱게 빻아서 큰 그릇에 담아두고, 짚 볏가리에서 짚을 추려와 물과 함께 두면 준비는 끝났다.

덕시기나 가마니 위에 앉아 짚을 수세미처럼 접고 기고 기와가루를 묻혀서 그릇을 닦았다. 녹만을 벗겨내는 것이 아니라 녹과 놋제기의 표면을 일일이 깎아내는 것으로 보통 힘 드는 일이 아니었다. 밥주발이나 국, 탕 그릇은 이음새가 적어 닦기가 쉬웠으나 각이 많이 지고 손이 닿지 않는 굴곡이 많은 촛대와 향로는 골칫거리였다.

이전에는 제사 때, 사람들이 많이 모여서 왁자지껄한 통에 어느 집인지 금새 알아차렸다. 또 어느 정도의 시끄러움과 불편함은 참아주었고 제사준비를 하는 것을 알면 서로 도와주려 하였다. 다음날이 되면 그 보답으로 제사음식을 앞에 두고 잔치를 벌였다. 은근히 가세 자랑도 겸하던 제사의 번잡함도 이웃에 폐를 끼치는 것이 되어 하는 듯 마는 듯 조용히 치르는 것이 대세가 되었다.

방아를 찧어 떡쌀을 만드는 것도 여자들 몫이요, 크고 작은 일들이 모두 여자들의 몫인데 밤 치기와 축문을 적는 것은 남자들 몫이다. 생전에 아버지는 의관을 정제하고 붓을 들어 유려한 필체로 한자 한자 정성들여 축문을 쓰셨다. 자정이 가까우면 목욕재계를 하신 후 익숙하게 한복을 입고 대님을 매던 모습이 생각난다. 단단히 매지도 헐렁하지도 않게 묶으셨는데 내 눈에는 그것이 삶에 대한 관조나 세월에 대한 여유로 보였다. 조급하여 요식에 치우치지 않고 늘어져 지루하지 않았다.

제사는 자정이 지나면 시작되었다. 가운데 자리에 지방을 붙이고 음식을 상에 올려 향을 피우고 쓸 잔 모두를 술로 씻은 후 재배를 하고 첫 잔이 초헌이다. 제문을 읽고 재배에 이어 아헌을 올리고 종헌에 가서는 국을 물리고 저의 위치를 바꾸고 국을 물리고 물을 올린다. 함문을 하고 부복하여 흠향하기를 기다리다, 재배하고 첨잔을 하고 또 재배를 하고 낙시를 하고 절을 올리면 끝이 나게 된다.

아버지는 밤을 치며 할아버지의 일화를 들려주시며 눈가에 이슬을 가끔 보이셨다. 생전에 효를 다하지 못했다는 생각 때문이었을 것이다.

할아버지는 아들에 대한 욕심이 대단하셨다. 당신께서 아들을 하나 더 얻으려고 딸을 여섯이나 얻고도 아들에 대한 미련을 못 버리셨는데, 둘째를 얻고 나도 이제 손자가 둘이라며 삼칠일이 겨우 지난 너를 마을로 안고 다니셨단다. 누가 손자가 몇이냐고 묻기라도 하면 둘이라는 말에 유독 힘이 들어갔다고 했다. 내리 사랑이라더니 잘난 구석 하나 없는 나도 태어나면서 할아버지의 분에 넘치는 사랑을 받았음이 분명하다.

오전에 시작한 제수 준비는 저녁에 되어서야 끝이 났다. 축문을 쓰는 손이 파르르 떨린다. 대를 이어 적어 내려가는 축문이지만 아버지의 정성과 서체를 따라갈 수 없다. 붓 대신 펜을 들고 애를 써 보지만 글이 삐뚤빼뚤 방향을 모르긴 십여 년 전이나 지금이나 마찬가지다.

유세차 정해구월 무인삭 이십칠일 갑진 효손 00…

효손이라는 글이 가소로울 일이다.

깨끗이 씻어 물을 뺀 제기를 마른 수건으로 닦아본다. 세월의 더께만큼 닳아버린 놋제기를 닦듯 제기와 건포를 잡은 손에 힘이 들어간다.

우리가 믿는 것들에 대해서

어떤 현상에 대하여 종교적 의미를 과하게 부여하는 사람들이 있다. 그것은 믿음에 대한 어떠한 이적異蹟 행위를 통해 자신과 신앙을 동일시하여 엮이고자 하는 지극히 의타적인 마음의 표현이 아닐까 싶다.

모든 현상이나 행위를 종교와 결부시키는 사람들을 긍정적으로 보면 밝게 본다는 장점일 수도 있으나 부정적으로는 이성의 기능이 상실된 것으로 보이기도 한다. 그들은 모든 일을 필연의 종교적인 현상과 접목시켜 긍정적인 해석을 하고 맹신한다는데 문제가 있다. 좌우를 두루 살펴 사리를 따지지 못하고 결론에 맞춰 앞으로만 나아가려는 맹목 때문에 위험한 일이다.

어느 종교를 믿든 나는 맹신도 및 광신도를 좋아하지 않는다. 종교에 이성과 과학의 잣대를 들이대어 재단할 수는 없는 것이긴 하지만 '무조건 믿어라, 믿는다.'는 식의 맹목도 좋은 방법이라

보기 어렵다. 종교는 바른 마음에서 나오는 행위여야 하고, 숨김이 없고 마음의 걸림이 없는 자유로움이어야 한다. 형식에만 사로잡혀 모든 것을 흑백으로만 판단하려는 사람들에게서는 종교의 신성함을 느낄 수 없을 뿐만 아니라 종교의 본질과도 멀다는 생각이다.

종교는 마음의 평안을 얻게 하고, 불행한 이웃을 돌아보게 하고, 부정적인 것에서 바람직하고 긍정적이며 바른 쪽으로 인도하는 일이다. 그런데 지금 대다수의 종교와 종교인들을 보면 실망이 앞선다. 형식이나 규율에 얽매여 종교의 화해와 포용력의 본바탕을 상실하고 스스로를 구속하고 타인의 마음까지도 구속하고 있다.

어떤 종교에서는 속박하고 구속하는 형식이 마치 신성으로 가는 길인 양 호도하고 있기도 하다. 종교의 이름으로 행하는 온갖 위선적 행위와 위악이 나는 싫다. 그리고 입으로 혹은 형식으로 모든 신심을 증명하려는 사람들을 보면 불쌍한 생각이 든다. 신심은 남에게 보여주기 위한 것이 아니다. 그것은 마음에 기초한 것들이기 때문에 남을 의식해서 남에게 보여주는 데 목적을 둔다면 이미 본질에서 멀어지는 일이 아닐까. 신과의 교통은 믿는 자들의 특권이랄 수 있다. 이것을 벗어나서 남에게 보여주고 보여지는 것에 더 관심을 갖게 된다면 이는 믿음이라는 정신을 버리고 물질이나 형식에 치중하는 것과 같은 지극히 어리석은 사람이 되는 것이 아닐까 싶다.

ㄱ 보살은 틈틈이 규칙적이지 않게 사찰을 찾는다. 소란하지 않은 시간에 법당에 앉아 부처님을 바라보면 말을 하지 않아도 대화가 된다고 했다. 오해를 받아 여러 사람들에게 지탄을 받았던 순간에도 부처님은 진실을 알고 계신다는 믿음 때문에 슬기롭게 넘길 수 있었다고 한다. 말을 하지 않으니 대상과 대화라는 것은 어패가 있겠으나 교감할 수 있는 단계라는 뜻일 것이다.

그는 가정과 가족들의 일을 가장 우선으로 하고 가정에 중요한 일이 없을 때만 종교적인 활동을 하는 사람이다. 그의 생각은 가정을 등한시한다는 것은 종교의 원래 목적에도 부합하지 않으며 종교란 내가 가진 마음의 짐을 잠시 내려놓고 위안을 얻는 거라 생각한다. ㄱ 보살의 믿음은 개인적인 것이기 때문에 가족보다 우선순위에 둘 수 없다는 생각을 가지고 있는 것이다.

ㄴ 보살은 아주 규칙적으로 기도에 열심인 사람이다. 달력에 빽빽하게 출행 날짜를 적어 놓은 것만 봐도 얼마나 열심히 기도하는 사람인지 알 수 있다. 그러고도 모자라 틈만 나면 동행을 구해 명찰을 순례하고 참배를 하며 순례 행렬에 끼이지 못하면 조바심을 낸다. 무엇이 그로 하여금 조바심을 내게 하는지 알지 못하지만 가끔은 습관처럼 그렇게 하지 않으면 못 견뎌하는 것처럼 보이기도 한다. 좋게 보면 생활화된 신심이라 할 수 있겠지만 왠지 마라토너가 하루라도 뛰지 않으면 좀이 쑤셔서 못 견뎌하는 것처럼 보이는 것은 어인일일까.

신앙심은 자기 스스로가 중심이 되는 행위다. 위의 두 사람 중에 누가 더 신심이 깊은지 단정할 수 없지만 바른 믿음이라는 측면에서는 짐작할 수 있을 것 같다. 목적은 같을 지 모르겠으나 행위는 사뭇 다른 두 사람이다. 일반적인 형식을 버리는 행위나 형식과 규칙을 정해 마음을 다잡아 믿는 것이나 궁극은 같을 것이다. 그러나 내 눈에는 형식과 틀에 치우친 것보다 마음과 마음의 교감이 더 돈독한 신심일 거라는 짐작을 해본다.

때때로 우리가 착각하고 쉽게 속을 수 있는 것은 극한의 고통이 열반으로 갈 수 있는 지름길이라 믿는 것이다. 형식과 틀에서 벗어나지 못하고 좋은 약은 입에 쓰다는 말처럼 고통이 강할수록 궁극의 그곳으로 가기 쉽다는 말에 속는 것이다. 그것은 종교와 형식의 힘을 빌려 사람의 의지를 속박하고 이를 취하려는 무리들이 즐겨하는 수법들이다. 종교인은 자유로워야 한다. 종교는 구속이 아니기 때문이다.

가식과 오욕에 찌든 정신으로 아무리 많은 경전을 외우고 엎드려 빈들 무슨 소용이 닿겠는가. 인간들이 살아가는 세상에서 인간들의 사회를 도외시하고서 그 이상의 무엇을 얻고자 한다면 그건 좋은 방법이 아니다 싶다. 현재상황의 행복을 배제하고 미래의 불확실한 것들에 붙잡혀서 그것만을 추구한다면 저당 잡혀진 현재는 어떻게 보상받을 것인가. 현재를 불행하게 보내면서 미래를 보장받을 수 있다는 생각에는 동조하기 어렵다. 보상받을 수 있다면 지금 당장에 행복한 것이 밝은 미래에도 도움이 될 것이다 싶기 때문이다.

종교가 사람보다 우선한다고 나는 믿지 않는다. 가족들은 버려두고 종교적 행사에만 매달려 마치 세상의 모든 구원이 거기에 있는 것처럼 행동하는 사람들을 보면 불쌍한 생각이 든다. 온갖 감언이설로 치장하고 자기를 합리화 시킨다 하더라도 결국 그것은 잘못된 믿음으로 만들어진 탑 같은 것이 아닐까 싶다.

종교는 세상의 도덕적인 잣대가 되고 빛이 되어야 한다. 칠흑같이 어두운 바다의 등대처럼 세상을 인도할 긍정적인 소임을 하여야 하는 것이 참 종교가 아닐까 싶다. 종교는 자비고 사랑이고 용서고 베풂이다.

배병채 두번째 수필집

오래되어 좋은 것

인쇄일 2018년 11월 23일
발행일 2018년 11월 26일

지은이 배병채
펴낸이 박철수
펴낸곳 도서출판 해암

등록번호 제325-2001-000007호
주소 부산시 중구 백산길 17 삼성빌딩 702호
전화 051)254-2260
팩스 051)246-1895
메일 haeambook@daum.net

ISBN 978-89-6649-158-2 03810

정가 13,000원

* 본 도서는 2018년 부산문화재단 지역문화예술육성지원사업의 일부 지원으로 제작되었습니다.
* 이 도서의 국립중앙도서관 출판예정도서목록(CIP)은 서지정보유통지원시스템 홈페이지 (http://seoji.nl.go.kr)와 국가자료공동목록시스템(http://www.nl.go.kr/kolisnet)에서 이용하실 수 있습니다. (CIP제어번호: CIP2018036875)